FASHIONISTAS

Sarra Manning

FASHIONISTAS
Irina

Tradução
Rita Süssekind

PRUMO
jovem

Título original: *Fashionistas – Irina*
Copyright © 2008 by Sarra Manning

Todos os direitos reservados. Nenhuma parte desta obra pode ser reproduzida ou transmitida por qualquer forma ou meio eletrônico ou mecânico, inclusive fotocópia, gravação ou sistema de armazenagem e recuperação de informação, sem a permissão escrita do editor.

Direção editorial
Jiro Takahashi

Editora
Luciana Paixão

Editor assistente
Thiago Mlaker

Preparação de texto
Edgar Costa Silva

Revisão
Lucas Puntel Carrasco
Ivan Souvarin

Assistente de criação
Marcos Gubiotti

Ilustração e capa: Alpio Stanchi

CIP-Brasil. Catalogação-na-fonte
Sindicato Nacional dos Editores de Livros, RJ

M246i   Manning, Sarra
         Irina / Sarra Manning; tradução Rita Sussekind. – São Paulo: Prumo, 2011.
         – (Fashionistas; 3)

            Tradução de: Irina
            ISBN 978-85-7927-161-8

            1. Manequins - Literatura infantojuvenil. 2. Literatura infantojuvenil inglesa. I. Sussekind, Rita. II. Título. III. Série.

11-6307.   CDD: 028.5
                                                                                   CDU: 087.5

Direitos de edição para o Brasil: Editora Prumo Ltda.
Rua Júlio Diniz, 56 – 5º andar – São Paulo/SP – CEP: 04547-090
Tel.: (11) 3729-0244 – Fax: (11) 3045-4100
E-mail: contato@editoraprumo.com.br
Site: www.editoraprumo.com.br

Livro Três:

Irina

No último episódio de

FASHIONISTAS

Após anos sendo a menina mais bonita da cidade, Laura acorda de repente quando percebe que precisa perder a pose e o excesso de peso para vencer no mundo da moda. Contudo, Laura nunca imaginou que também pudesse perder Tom, seu dedicado namorado em sua cidade...

Leia tudo em *Fashionistas*:

Laura

Hadley Harlow já foi a maior estrela mirim do mundo. Agora é apenas classe C e está se lançando no circuito das celebridades de Londres para reviver a carreira. Hadley é osso duro de roer; consegue lidar com as companheiras de apartamento – até as coestrelas invejosas –, mas será que encontrou sua cara-metade em Reed, famoso por só sair com modelos?

Leia tudo em *Fashionistas*:

Hadley

Prólogo

Irina checou o bolso do casaco *outra vez* para verificar o peso maciço, porém tranquilizador, do alicate e lançou um olhar ansioso para Sergei, que conversava animadamente com duas assistentes de venda que não pareciam nem um pouco impressionadas.

Ela examinou as araras para procurar o vestido de seda preta requisitado pelo cliente de Sergei. Esta era a parte que Irina mais odiava, pois nunca sabia a diferença entre seda e cetim, carvão e cinza. Na realidade, a parte que mais odiava era pisar em Kitai-gorod, onde todos olhavam para suas roupas gastas e sabiam que ali não era o seu lugar, mesmo usando o volumoso casaco de pele que Sergei roubou da avó.

Havia três vestidos pretos de seda pendurados em uma arara: tão delicados e elegantes que Irina tinha certeza de que se desintegrariam com um toque de seus dedos sujos. Ela pegou o colarinho do primeiro vestido, verificou o tamanho e alcançou o alicate no bolso.

– Você é linda! – escutou Sergei dizer atrás dela. – Já pensou em ser modelo?

Irina franziu o rosto. Ela sabia que ele só flertava para distrair as vendedoras. E também sabia que caras como Sergei, com seus olhos azuis brilhantes e sorriso fácil, não se interessavam por meninas como ela. Mesmo assim, era patética a maneira como as assistentes de venda estavam se derretendo por ele agora, apesar de ele parecer tão deslocado quanto ela naquela butique idiota.

Seus dedos estavam tremendo ao segurar o alicate cuidadosamente entre o supote da etiqueta de segurança e o material delicado. Não porque estivesse assustada. Irina não tinha medo de nada, mas Sergei passou a exagerar e podia atrapalhar o disfarce.

— Uau! Nunca vi mulheres tão bonitas!

Irina se mexeu para um lado para que pudesse olhar as vendedoras sorridentes e se certificar de que havia um casal bem-vestido entre ela e o guarda parado na porta. Sergei o socaria quando ela corresse para a saída. Irina assegurou a si mesma enquanto tentava cortar a etiqueta grossa de plástico.

Mas então o telefone de Sergei começou a tocar.

— Lilya, *baby*, estou um pouco ocupado agora. Posso ligar daqui a pouco?

Lilya era pequena e loura e acentuava tudo que dizia com uma risada aguda.

Irina puxou de uma vez o vestido, que não resistiu e rasgou sob seus dedos impacientes. Ela praguejou disfarçadamente enquanto suspirava. Mantenha a calma. Mantenha a calma. Um vestido preto de seda é quase como qualquer outro. Irina pegou o outro na arara, um pouco ciente de que o guarda estava andando em direção a Sergei, que agora importunava uma das meninas para abrir um estojo de mostruário. Poderiam conseguir 1.000 rublos por óculos Prada. Não era parte do plano, mas era disso que gostava em Sergei — ele era tão espontâneo, tão emocionante... e tão prestes a se encrencar.

— Saia da loja agora! — ordenou o guarda curto e grosso. — Saia, ou acionaremos o alarme!

Ele não a tinha visto ainda. Irina atrapalhou-se com o alicate, ouviu Sergei protestar com os funcionários. Sentiu seu corpo ficar pegajoso, gotículas de suor se formando em sua testa enquanto uma mão a segurava pelo ombro.

– A qualquer instante aquele segurança vai vê-la – uma voz aconselhou. – Se eu fosse você, deixaria o vestido e viria conosco. Conosco? O casal bem-vestido a cercou. Os olhos de Irina desviaram rapidamente e se fixaram nos sapatos pretos brilhantes do homem. Ele falava russo com sotaque. A mulher era mais jovem, loura, elegante com um casaco leve de couro, e olhava incrédula para Irina. Que vaca!

– Saiam daqui! – disse alto o suficiente para que o segurança virasse devagar. – Não vou a lugar nenhum com vocês!

Já conseguia ver Sergei dirigindo-se para a porta, sem nem se incomodar em olhar para trás e ver se ela estava bem. Então desapareceu, um borrão indefinível passando pela vitrine, e ela estava sozinha com um guarda em sua direção. Esses seguranças não andavam armados, Irina tinha quase certeza disso. Não aqui, onde os ricos vinham fazer compras. Apesar de nunca poder afirmar em relação a empresas privadas de segurança.

Irina tentou devolver o vestido à arara, enrugando-se em suas mãos suadas, fracassando, como fazia com tudo.

– Eu... Eu... – as palavras estavam presas na garganta, mas a mulher calmamente lhe dava cobertura, tirando o alicate da mão de Irina e o colocando em uma bolsa Gucci espaçosa.

– Faça alguma coisa, Henri! – sibilou em inglês. – E rápido!

Henri já estava puxando Irina para o balcão de compras. Apresentou com um floreio o vestido que ela já havia rasgado.

– Sinto muito, mas minha sobrinha teve um pequeno acidente. Pagaremos, é claro.

Irina esperou até que ele estivesse retirando um cartão de crédito da carteira e correu, as solas gastas dos tênis deslizando pelo chão de mármore polido, mas a loura estava bloqueando sua saída.

— Nem pense nisso! — disparou. — Apenas fique aí e sorria, e lembre-se de agradecer ao seu "tio" por salvá-la dessa situação.

Seu "tio" tinha uma sacola de papelão dura na mão, ao acenar com a cabeça para as vendedoras, antes de se apressar até elas.

— Vamos dar o fora daqui — sussurrou, ao escoltarem Irina pela porta.

— O que vocês querem de mim? — perguntou bruscamente, tentando se soltar deles assim que saíram da loja. — Querem que eu reembolse o vestido, hein? Querem que eu faça isso?

Sabia sobre turistas ricos. Havia meninas circulando com a gangue de Sergei que vinham até a cidade e iam a bares ligados aos maiores hotéis. Voltavam no dia seguinte cheias de lágrimas, lábios feridos e punhados de dólares.

A mulher estava empurrando Irina para a fraca luz do sol que batia na Tretyakov Drive. Não havia onde se esconder dos dois pares de olhos redondos que varriam seu casaco de pele comido por traças, as calças esportivas engorduradas, os tênis aparecendo sob a bainha e o rosto de Irina. Seu rosto tolo e pálido cheio de marcas marrons borradas.

Irina os examinou. A mulher poderia ser facilmente derrubada, mas Henri era alto e ela sentia a força da sua mão ao segurar firme no braço dela.

— Não pedi para pagar o vestido! — Irina insistiu outra vez.

Era como se suas palavras fossem feitas de ar. Simplesmente as varriam e continuavam a encará-la.

— Já viu maçãs do rosto como as dela? — disse a mulher, em inglês, pois achavam que Irina não passava de uma burra. — E é alta.

— E magra também — acrescentou o homem, ousando puxar o lado do casaco para trás, mesmo enquanto Irina sibilava para ele. — Esguia, tem pernas compridas.

A qualquer instante Sergei apareceria com a moto rugindo. Exceto que agora Sergei provavelmente já estava a meio caminho de São Petersburgo e Irina estava por conta própria. Eles não sabiam que ela falava inglês, e isso era algo que talvez pudesse usar em seu favor. E quem sabe até roubar a bolsa da mulher, já que estava em ação.

Irina precisava bolar um plano enquanto falavam a seu respeito como se fosse um pedaço de carne no açougue.

— Como será que fotografa? — a mulher dizia, e Irina não conseguiu conter o tremor que passou por ela. Todo mundo conhecia uma menina que foi para a Suécia, ou para a Alemanha, ou para a Suíça com um estrangeiro rico que prometeu um passaporte, da qual nunca mais se teve notícia. Sergei dizia que eram vendidas em redes de prostituição. Ficavam sentadas com olhos arregalados, ouvindo-o entrar em detalhes sinistros. Em seguida, afagava o cabelo de Irina. "Não que você algum dia tenha de se preocupar com isso", ele dizia. "Teria de pagar a eles." E todas riam. E Irina ria também, apesar de não achar tão engraçado.

— Estou indo — disse decidida, pois o pânico gelado que se derramava sobre ela dificultava pensar com clareza. — Tire as mãos de mim ou grito!

Jamais havia gritado antes, porém eles não sabiam disso.

Mas não soltavam. Em vez disso, o homem assentiu e a mulher virou para ela com um sorriso.

— Diga-me uma coisa. Já pensou em ser modelo?

Capítulo Um

Foram duas semanas estranhas. Ocupadas. Fato ao qual Irina não estava acostumada. Estava acostumada ao tédio nos empregos porcarias que conseguia arrumar, até ser inevitavelmente demitida por sua postura. E estava acostumada a períodos intermináveis de espera. Esperava até que a mãe fosse paga. Esperava até que Sergei aparecesse com aquele sorriso desleixado que sempre a atingia. Esperava por alguma coisa qualquer acontecer.

E, finalmente, alguma coisa estava acontecendo, e ficou imaginando por que estava acontecendo com ela. Quando pensava sobre o futuro, era sempre vago e indistinto. A soma total de ambições que nutria talvez fosse ir para os Estados Unidos trabalhar como babá, razão pela qual aturara os gritos e as juntas batidas quando a mãe ensinava inglês com as cartilhas que utilizava na escola de línguas onde dava aulas.

Basicamente, achava que permaneceria em Moscou e acabaria grávida e falida. E o mais perto que chegaria do mundo lá fora seriam as fitas de rap que Sergei emprestava.

A mãe dela não acreditou em Henri e Claire quando disseram que Irina poderia ser modelo. Sentou-se com as costas rijas e os acusou de serem traficantes de pessoas.

– Diga a ela sobre o dinheiro – Henri pediu a Claire em inglês. – Normalmente vendem os filhos por algumas centenas de dólares.

"Erro grave, senhor Cheio da Banca", Irina pensou consigo mesma com um sorriso. Erro gravíssimo.

– Algumas centenas de dólares não bastarão – a mãe rebateu com um inglês perfeito, enquanto Henri ruborizava e se encolhia como se desejasse que o sofá o engolisse. – Sou professora de inglês. De francês também. Se quiser me ofender em outra língua, sugiro espanhol.

O sorriso de Irina foi interrompido pelo olhar vingativo da mãe, que dizia alguma coisa.

– Contou a eles que também fala inglês?

Deu de ombros.

– O assunto não surgiu.

– E ainda quero saber o que estava fazendo na Kitai-gorod e onde arrumou esse casaco. – Os olhos da mãe cerraram desconfiados. – Andou roubando novamente?

– Não! – Irina olhou severamente para Claire e Henri, porque, assim que quisessem intervir em sua defesa, por ela estava bom.

Mas não foi assim que se deu. Claire alcançou o alicate na bolsa, enquanto Henri pegava o vestido rasgado.

– Sua filha não precisa entrar na rede de tráfico de pessoas para arrumar problemas – Claire disse secamente. – Ela parece estar se saindo muito bem sozinha. E com a ajuda do amigo que fugiu e a deixou para trás.

A mãe começou a gritar, ameaçou chamar a polícia. Em seguida, perguntou quanto tempo levaria para mandar Irina para a Inglaterra.

Irina ainda tinha a terrível sensação de que estava prestes a ser vendida para a prostituição, apesar das promessas de fama e fortuna da agência de modelos russa, que arranjou o visto e tirou centenas de fotos instantâneas do seu rosto franzino. Entretanto, a única outra escolha era morar em Vyasma, com o tio Igor, que a estapeava sempre que achava que estava sendo atrevida, o que era o tempo todo.

Mas sua mãe era feita de pedra.

— Tudo que faço é me preocupar com você e com as encrencas em que se mete. Pode ser problema de mais alguém por algumas semanas.

Não era muito, mas era alguma coisa.

— Só por algumas semanas? — Irina perguntou esperançosa. — Depois volto para casa?

— Algumas semanas são o suficiente para que percebam que não passa de um problema — a mãe disse com segurança. — Depois a devolvem para casa, para poder causar destruição com seus amigos e para eu ter de continuar te alimentando e te vestindo. Jamais dará em nada, Irina, mas ao menos pode arrumar algum dinheiro na Inglaterra.

Já tinha ouvido um milhão de vezes. *Não serve para nada. Não passa de mais uma boca para alimentar. Vem me desapontando desde que nasceu.* Eram apenas palavras, então por que provocavam uma dor forte no peito?

— Na agência de modelos me acham especial! — protestou Irina.

— Então são mais idiotas do que parecem!

E então Irina estava em um avião para Londres; voando por países que só havia visto em mapas, todos os seus bens mundanos enfiados em dois sacos de lixo, pois sua mãe não deixou que pegasse a mala barata de plástico que já estava no alto do guarda-roupas desde que Irina se lembrava.

Levou horas para passar pela alfândega, mesmo com todos os papéis em ordem e uma carta de acreditação enviada por fax pela Fierce Talent Management. Por fim, o visto de Irina foi carimbado e eles até seguraram a porta aberta para que ela pudesse manobrar a si e às bolsas no salão de chegada, onde um homem estava segurando uma placa com seu nome. Poderia se acostumar com isso.

Irina pressionou o nariz contra a janela do carro, enquanto árvores e cercas vivas passavam velozes; não queria perder uma única folha de grama. Moscou era sempre cinza, das pilhas sujas de neve manchada às águas encardidas do canal Smolenka, que podia ver da janela da cozinha, e os quarteirões infinitos de prédios similares. Mesmo os rostos das pessoas na comunidade onde vivia eram cinza. No entanto, aqui havia cor por todos os lados, e melhorou ainda mais quando se aproximaram de Londres e a folhagem foi substituída por anúncios de comidas que mal podia esperar para experimentar e roupas que mal podia esperar para vestir.

Não queria que a jornada terminasse jamais. De repente, sentiu uma mistura emocionante de medo e animação correndo pelas veias e pensou em tudo: Londres; ser paga com quantias obscenas de dinheiro por uma foto sua; dividir um apartamento com outras meninas, outras modelos. Será que teria de compartilhar um quarto? Ou uma cama, como fazia em casa? Será que falariam russo? Ou inglês? Será que seriam de lugares exóticos, como Índia, Japão ou México? As perguntas se embaralhavam na mente quando percebeu que o carro havia parado do lado de fora de uma fileira de casas com terraços.

– Aqui está – o motorista disse lentamente, como se ela fosse lesada ou coisa do tipo. – É o da porta vermelha.

Era como uma casa de boneca, com um contorno branco pintado acima da porta e flores amarelas brilhantes pelo jardim.

– É aqui que vou ficar? – Irina perguntou em dúvida.

– É. Sei que é um pouco acanhado, mas fica perto do metrô.

Irina não sabia do que ele estava falando. Não era acanhado, era um palácio! E o que era um metrô inglês? Um rosto apareceu na janela e depois desapareceu, enquanto Irina saltava do carro e colocava os sacos por cima do ombro.

A porta já estava abrindo ao pisar na entrada, e nem sequer havia colocado o pé no degrau da porta quando, de repente, foi confrontada por três meninas com membros longos e faces hostis.

– Deve ser a nova garota – uma delas disse em russo, e Irina soltou um breve suspiro de alívio. – O que está vestindo e por que diabos acha que vai ficar aqui?

Capítulo Dois

Ela as detestava. Todas as três: Masha, Famke e Oksana, que a conduziram por um cômodo, empurraram-na no sofá e ficaram diante dela com as mãos nos quadris minúsculos. Todas as três pareciam cisnes furiosos que viviam em uma dieta de néctar e ovos de cotovia.

– São meninas russas como você que mancham nossa reputação.
– Já acham que somos camponesas.
– Ninguém usa roupas assim aqui. É para ser dessa cor mesmo ou nunca foi lavada?

Irina olhou para a roupa lilás e, em seguida, para as caras desdenhosas.

– Não sou camponesa. Sou de Moscou.
– *Parece* uma camponesa! – disparou Oksana. – Meu pai trabalha com petróleo, Masha pode identificar a árvore genealógica desde o século XVI e Famke treinou com o Bolshoi. Temos herança cultural, você tem sacos de lixo.

Irina puxou as sacolas plásticas para perto de si.

– Sou modelo – declarou enfaticamente. – Fiz uma sessão para a *Vogue Russia*. – O que nem era mentira. Conheceu um fotógrafo britânico chamado Gerry na agência russa de modelos que puxou um fumo com ela e tirou algumas fotos no telhado, que disse que iria mostrar ao editor.

– Você tem pontos marrons por todo o rosto – Masha informou de forma azeda. – E um buraco entre os dentes da frente. Você é feia.

Todas tinham olhares que Irina já havia visto, mas não sabia dizer onde. Então lembrou ligeiramente da expressão rancorosa de Lilya sempre que Sergei queria que Irina fosse em algum trabalho com ele. Envolvia Irina com o braço e os olhos de Lilya ardiam e ela fazia beicinho porque estava com inveja.

Estavam com inveja dela! O que não fazia o menor sentido. Mesmo assim, Irina ia degustar cada segundo.

– Na Rússia até me compraram um vestido Prada – disse. Balançou um dos sacos. – Acho que trouxe, não lembro.

O saco foi arrancado dela e suspenso de modo que as roupas íntimas acinzentadas de Irina, os conjuntos sujos e as linguiças Kransky cuidadosamente embrulhadas, que a mãe havia conseguido colocar ali em algum momento durante a noite, caíram no chão.

– Não estou vendo um vestido Prada – desdenhou Masha. – Vejo apenas uma camponesa. E sinto *cheiro* de comida camponesa.

O fraco aroma de alcarávia e broca flutuava lentamente, enquanto Irina pegava a linguiça antes de ser levantada sem cerimônia. Se as pessoas não parassem de puxá-la...

– Quer ver um vestido Prada? Mostro um vestido Prada, Miss Moscou!

Foi arrastada por um corredor até um quarto bonito e leve com uma cama enorme coberta com almofadas em um arranjo de cores cítricas. Irina queria parar e absorver tudo, mas Famke já estava marchando até um armário e abrindo a porta.

– Prada, Chanel, Versace – entoou, passando uma mão descuidada sobre um arco-íris de seda e veludo.

– Não sei por que perde tempo – Oksana disse murchando. – Ela é ignorante demais para saber quem são e provavelmente está contaminando o tecido só de estar no mesmo recinto.

"Tinham razão, de certa forma", pensou Irina. Não pertencia aqui, onde tudo era tão leve, tão bonito, tão delicado. Contudo, isso não significava que permitiria que estas meninas horríveis soubessem disso. Ninguém falava assim com ela e saía ileso. Ninguém.

E ainda estava segurando aquela linguiça idiota, que normalmente gostava de fritar com cebolas e comer em pão de centeio. Irina só podia imaginar a reação que isso causaria. No entanto, a comida camponesa tinha outras utilidades.

Ela enterrou a unha do polegar no papel à prova de gordura, sentiu-o rasgar e foi até Famke, que continuava acariciando as roupas excessivamente caras como se fossem seu único e verdadeiro amor.

Irina pegou um vestido, qualquer vestido, uma confecção frágil de seda rosa e laço, e lentamente esfregou a linguiça sobre ele, deixando linhas gordurosas no tecido.

– Acho que contaminei agora – anunciou com sua voz mais entediada.

Famke até que tinha um golpe poderoso para uma menina tão magrinha. Uma hora depois, a cabeça de Irina ainda estava apitando com o gancho de direita. Em seguida, empurraram-na para fora da casa.

– Vou ligar para a agência para que a despeçam! – foram as últimas palavras de ameaça de Famke antes de bater a porta. Um segundo mais tarde os sacos e diversos xingamentos flutuaram da janela.

Irina estava sentada na parede do jardim, olhando desamparada para o guia de Londres e para a pouca quantidade de dinheiro britânico que havia recebido como adiantamento por ter saído de Moscou, quando um carro parou do lado de fora.

Uma garota saltou e olhou irritada para Irina antes de dar uma segunda olhada completamente desnecessária. Qual era o problema dela? Ninguém usava conjuntos esportivos neste país? Mas Irina também estava encarando. A garota parecia pertencer a um programa da MTV ou coisa do tipo, com cabelos louros presos, calça jeans e tênis que não se pareciam com nenhum jeans ou tênis que Irina já tivesse visto. O tecido era escuro demais, bem acabado demais e os tênis tinham cerejinhas vermelhas neles. Como uma garota como aquela tinha condições de andar em um carro tão chique?

– Irina Kerchenko? – perguntou, olhando para um pedaço de papel.

Irina assentiu laconicamente.

– Sou Sofia, da Fierce – disse em russo. – Sou sua agente. Cuido de todas as meninas novas do leste europeu.

Eram tantas assim que tinham sua própria chefe? Então por que todos em Moscou disseram a ela que era tão especial?

– Não gosto daqui – grunhiu.

Sofia a ignorou.

– Vamos resolver isto.

Mas isto não tinha solução. As três vacas se recusavam a deixá-la voltar ao apartamento, o que funcionava bem, considerando que Irina se recusava a dar um passo na direção daquela entrada. E não gostava da forma com que Sofia ficava dando ordens.

– Apenas entre e vamos ver seu quarto – exigiu. – Não tenho tempo para ficar de babá.

– Nem pensar! – Irina disse com firmeza, subindo no banco traseiro do carro prateado, que continuava esperando na curva. Gerry dissera que gostavam de garotas russas mal-humoradas na Inglaterra. Bem, ela ia ser a russa mais mal-humorada que já viram.

No final, Sofia não teve escolha que não entrar no carro também e dizer ao motorista que as levasse de volta para a agência.

– Aqui não é a Rússia! – disse furiosa. – Aqui as pessoas dizem "por favor" e "obrigada". Além disso, sorriem. Você tem de ser amigável o tempo todo.

Irina olhou tão firmemente que mal conseguia enxergar.

– Aquelas meninas não foram. Foram detestáveis só porque suas famílias têm algum dinheiro. Aposto que têm ligações com a máfia.

– Não seja tola – resmungou Sofia, mas não soou muito convincente. – Não há outro lugar para você morar, mas pode passar uma hora na Fierce para se acalmar. Já comeu alguma coisa?

Tivera uma refeição no avião, cheia de alho e algo não identificável, e a linguiça Kransky foi parar em um canteiro de flores.

– Estou morta de fome.

Sofia sorriu pela primeira vez.

– Vou arrumar alguém para ir ao McDonald's. É tão barato aqui, além disso, tem Burger King, KFC e pizza. Pizza em todos os cantos!

– Nunca comi pizza na vida – Irina confessou a contragosto.

– Vai adorar.

Ela realmente adorou. Quando chegaram à agência, Sofia colocou Irina em uma sala com uma TV enorme e meia hora depois alguém trouxe uma pizza do tamanho de um pneu e uma garrafa enorme de Coca-Cola – tudo para ela. Ninguém tentava arrancar a comida do prato enquanto não estava olhando, ou dizendo que tinham de guardar um pouco para fazer sopa no dia seguinte. Irina enfiou duas fatias na boca com tanta pressa que mal sentiu o gosto, e olhou pelas paredes de vidro no meio da agitação da agência.

Irina havia achado a Agência de Modelos Prelestnyjj chique: havia computadores, fotos na parede, e até tapetes que não tinham manchas ou um monte de buracos; mas este lugar parecia ter saído de algum filme de Hollywood. É, parecia um *set* de filmagens, com paredes brancas e sofás rosa que eram frívolos demais para serem sentados. E havia pessoas passando com roupas chiques que Irina nunca tinha visto nem nas pessoas ricas e estilosas que passeavam pelas partes descoladas de Moscou. Todos na Fierce pareciam jovens, lustrosos e felizes, como modelos anunciando perfumes nas revistas de moda que Gerry havia lhe dado.

Parecia como se Irina não tivesse entrado em um avião esta manhã (tinha sido mesmo esta manhã? Parecia que fazia semanas), mas em uma espaçonave, que a levara até outro planeta.

Irina lambeu o resto de queijo derretido dos dedos e levantou o olhar quando Sofia entrou.

– Adoro pizza – disse Irina, e até arriscou um sorriso, que pareceu estranho demais.

– E adoro este intervalo nos seus dentes da frente – Sofia disse com o rosto composto, como se não estivesse brincando. – É tão Madonna nos primeiros anos. Pegue suas coisas.

Irina juntou os sacos, que estavam decididamente em maltrapilhos, e seguiu Sofia para fora da sala.

– Tem de voltar para o apartamento agora – Sofia disse sem preâmbulo. – Volte para o apartamento ou volte para casa. A escolha é sua.

O sorriso foi um erro. O sorriso fez Sofia pensar que Irina era fraca; que poderia ser pisada. Meu Deus, que surpresa teria.

– Não volto para lá – Irina disse secamente, derrubando os sacos para que pudesse cruzar os braços e exalar hostilidade de cada poro.

– Então posso colocá-la em um voo para Moscou esta noite – Sofia respondeu em tom implacável.

Irina ia ficar aqui mesmo, onde as pessoas prestavam atenção nela e onde havia pizzas enormes. Seguiu os sacos até o chão e sentou-se nos tacos de madeira polida.

– Me obrigue.

Sofia tentou. Houve ameaças e alguns puxões no braço, mas Irina não se moveu. Já havia apanhado uma vez hoje, e a mãe costumava persegui-la pelo apartamento delas com uma panela de ferro, então Sofia não tinha a menor chance.

– Você é muito ingrata! – gritou. – Mil garotas morreriam para estar no seu lugar. Levante-se e ponha a bunda no carro.

– Não! Encontre outro lugar onde eu possa morar ou vou ficar no chão. Para sempre, se for preciso.

– Não tem outro lugar. Todos os apartamentos de modelos estão cheios e queremos que fique com meninas que falem a mesma língua que você.

Irina estava prestes a dizer que seu inglês era bom e seu francês adequado quando uma porta no fim do corredor se abriu e dois homens apareceram.

– Sofia, que bagunça é essa? – um deles perguntou.

– Outra princesinha russa! – irritou-se Sofia, o que não era verdade, mas era engraçado que não tivesse sido informada sobre toda a questão do inglês. – Ela tem de ficar com Oksana e suas duas capangas, mas ocorreu um problema com uma linguiça e um vestido Alice Temperley, e Irina diz que não volta para lá.

Era basicamente isso, mas Sofia excluiu a parte em que Irina foi agredida. Tentou assumir uma expressão vazia, como se não soubesse do que estavam falando, enquanto o homem que havia falado vinha na direção delas. Era alto e magro, com um grande par de óculos pretos e uma expressão arrogante enquanto olhava para Irina.

– Estas malditas russas, deveríamos mandar todas elas para uma escola de etiqueta assim que pisam em Heathrow – disse para Sofia. – Qual é a história desta aí?

— Assinou com a Prelestnyjj há quinze dias, mas a mãe insistiu para que fosse mandada para cá ou não assinaria um contrato. Não iam arriscar que outra agência a encontrasse, então concordaram, mas ela não fez uma única sessão. — Sofia diminuiu a voz. — Jamais adivinhará o que estava fazendo quando foi encontrada.

O homem continuava olhando para Irina, que teve de resistir o impulso de mostrar a língua para ele.

— O quê? — resmungou vagamente.

— Roubando da Prada. Com um alicate! — informou Sofia. — Mas nas polaroids ela parece um sonho, Ted. Um verdadeiro sonho. Os olhos ficam prateados e as maçãs do rosto simplesmente se destacam.

Ted, ou qualquer que fosse seu nome, estalou os dedos para Irina.

— Como é que se diz "levante-se" em russo? — perguntou para Sofia.

— *Naverkh* — Irina disse a ele gentilmente, levantando-se. — Apesar de ter ouvido que todos na Inglaterra dizem "por favor" e "obrigado".

Ted ficou horrorizado por uma fração de segundo antes de sorrir. Então o sorriso se transformou em uma risada silenciosa. E a risada silenciosa virou uivos de gargalhada.

Quando acabou de se sacudir de alegria, apesar de não haver nada particularmente engraçado no fato, Irina esticou a mão.

— Sou Irina Kerchenko de Moscou e só roubei porque minha família estava passando fome. — Ficou imaginando se tinha sido demais, mas ao menos tinha a atenção exclusiva de Ted novamente. — Aquelas garotas eram terríveis. Elas me chamam de camponesa, e uma delas me bate no rosto. — Apontou para a bochecha, apesar de precisar muito para se machucar. — Por favor, não me faça voltar para lá...

— Não há quartos vagos em lugar nenhum — interrompeu Sofia. — E concordamos que, se alguma das meninas arrumasse confusão outra vez, seria mandada para casa.

Irina tentou parecer adequadamente penitente, e Ted não havia tirado os olhos dela, então talvez estivesse funcionando.

— Tire o casaco, por favor, Irina — pediu, e ela abriu o zíper da jaqueta para que Ted pudesse ver a camiseta do 50 Cent que havia roubado de uma bancada na rua. — Vire para a esquerda, mas mantenha o rosto virado para mim.

— Ted, nós concordamos! — latiu Sofia. Irina desejou que ela simplesmente calasse a boca.

— Você gosta de Moscou? — ele perguntou a Irina, que balançou a cabeça.

— Detesto! — disse ferozmente. — Você não sabe como é lá. É horrível, cinza e nada funciona direito. Quero ficar aqui.

— Se ficar aqui, vai ter de morar com as outras meninas. Vai ficar tudo bem, vocês podem formar laços através de... não sei... do quanto não neva aqui.

E talvez ela *pudesse* aturar aquelas três. Ou pudesse bater diariamente em todas. Entretanto, Ted ainda a encarava, e agora o outro homem fazia o mesmo. Como se nunca tivessem visto uma menina com dois olhos, um nariz e uma boca antes. E Gerry dissera para não permitir que as pessoas a subestimassem, e ele era um fotógrafo famoso, então sabia do que estava falando.

— Não — Irina declarou de forma enfática. — Trabalho duro e faço um monte de dinheiro para vocês. Até atendo telefones ou limpo para vocês, mas não moro lá.

Fez-se um momento de silêncio tenso, e Irina sabia que havia estragado tudo, como sempre fazia, abrindo a boca e sendo obstinada, provocadora e todas as outras coisas que deixavam sua mãe tão irritada.

O amigo de Ted, que estava calado até agora, tossiu. Foi um alívio quando Ted e Sofia desviaram os olhares para ele. Ele deu de ombros.

– Antes que a coloquem de volta no avião para Moscou, quero marcar com ela para a promoção de outono que estávamos discutindo, Ted. Ela está livre na quinta-feira?

Capítulo Três

Sofia reservou um hotel para ela com banheiro particular. Havia até frascos gratuitos de xampu e espuma de banho, e a água quente nunca esfriava, independentemente de quantas vezes Irina enchesse a banheira naquela noite. Nunca se sentiu tão limpa em toda a vida.

Na manhã seguinte, Ted a levou para tomar café e a observou entretido, enquanto ela demolia um prato do que ele chamava de "inglês completo" e uma cesta de doces, enquanto ele dizia que havia resolvido dedicar um interesse especial a sua carreira.

– Legal – Irina disse, com a boca cheia de bacon, pois tinha a sensação de que seria mais fácil lidar com Ted do que com Sofia. Se nunca mais precisasse lidar com outra pessoa russa na vida, seria cedo o bastante para ela.

– Acho que você é uma menina única, Irina – disse Ted, servindo outro copo de leite. O leite na Inglaterra era espesso e cremoso, não aquela coisa aguada que tinham em casa. – Tem potencial para ser uma modelo muito bem-sucedida. Por que está sorrindo?

– Porque olho no espelho todas as manhãs e não vejo modelo. – Acenou a mão na direção do rosto. – Mas se você acha, então que seja.

– Então, me deixe adivinhar, as outras crianças diziam que você era feia e que parecia uma aberração, pois seus olhos eram grandes demais, seu rosto realçado demais e era mais alta que todas as meninas e que a maioria dos meninos?

Era como se Ted tivesse sentado no fundo da sua turma na Academia.

— Os meninos eram tudo bem, porque não queriam me provocar, mas as meninas eram cruéis. — Normalmente não contava estas coisas para ninguém, mas normalmente ninguém queria saber nada a seu respeito, exceto se podia ajudar a conseguir alguns aparelhos de som de carro.

— Se eu ganhasse uma libra para cada modelo que me contou essa história, poderia comprar mais um par de sapatos Gucci. — Ted riu, colocando a pasta na mesa e abrindo-a. — Alguém se incomodou em mostrar as fotos que tirou em Moscou?

Ted estava folheando algumas fotos, escolhendo três, que espalhou sobre a mesa. Irina estava mais interessada no *croissant* que ainda não tinha conseguido comer. No entanto, com o canto do olho, conseguiu ver a curva da maçã do rosto.

Olhou um pouco mais de perto e franziu o nariz. Não era nem ela na foto, mas uma modelo de verdade; com olhos grandes e lábios carnudos, com sardas espalhadas sobre o rosto. Irina puxou a foto com o dedo e aproximou-a um pouco mais.

Era ela. Exceto que não era. Lá estavam todos os pedaços separados de si, dos quais não gostava, mas somados e postos diante de uma câmera tornavam-se outra coisa, inteiramente. Era como se tudo tivesse se rearranjado em alguns graus, de modo que o que parecia estranho na vida real agora estava um pouco mais selvagem, um pouco mais angular. Os olhos cinzentos haviam se transformado em prata líquida, as protuberâncias ossudas do rosto pareciam elegantes e etéreas, e a boca, sua boca grande e estúpida, equilibrava todo o resto.

— Eu não sou assim — disse pensativa, erguendo a sobrancelha.

– Ficamos tão acostumados ao nosso próprio rosto que, às vezes, nem o vemos mais... – murmurou Ted, o que não fazia sentido nenhum, mas, pensando bem, fazia um pouco. – Quer ser modelo, Irina?

Era a primeira vez que alguém de fato perguntava isso. Tinham estado ocupados demais cutucando-a e tratando de formulários de visto.

Irina deu de ombros.

– Nunca penso nisso antes. – Pensou agora, mas somente por um segundo. Gostou do que viu até então: o dinheiro, as roupas bonitas, os elogios. – Acho que ser modelo seria bom. Melhor do que trabalhar em uma fábrica.

– Precisa aprender a posar. Precisa de um regime adequado de beleza, máscaras de pele, esfoliações e diversos outros tratamentos com os quais Sofia vai ajudá-la, e precisamos ensiná-la a andar.

Ela já sabia andar, mas Irina assentiu obediente e, finalmente, pegou o *croissant*.

– Minha mãe pensa que não tenho ambição, mas quero ganhar muito dinheiro! E quero morar nos Estados Unidos. Lá é legal.

– Oras, não é que tem objetivos claros... – Ted começou a falar, mas Irina ainda não havia acabado.

– Você guarda todo o dinheiro para mim! – disse com firmeza. – Preciso do suficiente para pizza e economizar o resto. Quero comprar uma casa no Triângulo Dourado para a minha mãe...

Ted ergue a sobrancelha confuso.

– É a parte de Moscou onde todas as pessoas ricas moram – explicou Irina. – E compro uma casa para ela lá e ela chora muito com... como dizem? Gratidão. Depois lembro que ela me achava inútil; depois, quando estiver doente de culpa, me mudo para Nova York e nunca mais falo com ela – disse triunfante.

— Bem, isso é um pouco duro...

— E é por isso que vou ser a modelo mais bem-sucedida da história.

Ted ficou um pouco calado depois disso, como se utilizar vingança como motivação fosse errado. Explicou para ela sobre os próximos dois dias de fotografia para uma grande cadeia de lojas esportivas, que utilizaria Irina para a coleção de outono. Os anúncios apareceriam nas vitrines e em revistas, e até mesmo em ônibus. E por isso pagariam a ela 10.000 libras menos as taxas e comissões da agência. Aparentemente, quando não estivesse recém-saída do avião, começaria a ganhar muito mais.

Ótimo.

***

Uma coisa era ter pessoas dizendo o tempo todo como Irina seria uma ótima modelo quando tudo que tinham visto eram algumas fotos instantâneas relativamente boas. Outra completamente diferente era Irina se colocar diante de uma câmera e ser boa em alguma coisa pela primeira vez na vida. Não foi à toa que passou a noite anterior à sua primeira sessão de fotos vomitando pizza no banheiro da suíte. Não tinha um gosto tão bom saindo quanto tinha entrando.

Ela ainda estava com os joelhos fracos e trêmulos na manhã seguinte quando um carro apareceu para buscá-la e levá-la para um armazém enorme, perto do rio, em um lugar chamado Docklands. Entrou lentamente em uma sala gigantesca coberta de luzes de aparência complicada, caixas e uma mesa enorme coberta com a melhor seleção de comida que Irina já tinha visto. Alguém lhe entregou um prato cheio de ovos mexidos e salmão defumado, que ela atacou furiosamente enquanto hordas de pessoas se agruparam ao seu redor, vestindo-a, arrumando o cabelo e passando maquiagem. E quando não estavam fazendo isso, não paravam de cobri-la de elogios sobre sua estrutura óssea e sobre como seu corpo era lindo. Até perguntaram de que música gostava, e logo Snoop Dogg e Eminem estavam tocando no som enquanto fotografavam.

Na realidade, ser modelo era tão fácil quanto respirar. Irina não sabia por que falavam tanto, ou por que havia perdido uma noite inquieta e suando. Eles haviam construído três *sets* diferentes para parecerem um ginásio no ano de 2108.

Havia uma parede de escalada estelar, uma quadra de tênis futurista e uma bicicleta ergométrica espacial. Tudo que Irina tinha de fazer era segurar uma raquete de tênis de maneira convincente, pedalar furiosamente ou escalar coisas.

O fotógrafo a instruiu a não sorrir, o que para ela funcionava muito bem, pois não gostava mesmo de sorrir. E depois disse para parecer mal-humorada. Não havia muitas coisas para as quais Irina tivesse talento nato, mas em matéria de parecer mal-humorada, era campeã mundial.

— Mantenha o rosto inclinado e não pisque — dissera.

Ou:

— Curve os ombros ligeiramente e estique as pernas para que eu possa ver o músculo.

Até mesmo:

— Finja que está correndo para a câmera, mas fique parada.

E estava sendo paga para isso?

Mas o melhor ainda estava por vir. Ao fim do segundo dia, a estilista disse que ela podia ficar com todas as roupas usadas na sessão, e até com as não usadas. Havia duas araras de conjuntos esportivos, camisetas, casacos de capuz, saias leves, trajes de banho e até meias e roupas íntimas. Além de uma pilha de tênis e duas malas pequenas, o que era excelente, pois os sacos plásticos de Irina estavam caindo aos pedaços. O diretor de criação ficou tão feliz com o resultado que incluiu um iPod em agradecimento, e o assistente do fotógrafo colocou várias músicas para ela. Irina não conhecia ninguém que tivesse um iPod, apesar de Sergei já ter tentado roubar um de um turista americano uma vez. Contudo, por ela, ele podia apodrecer no inferno. Quando Irina contou ao pessoal que estava indo para a Inglaterra para ser modelo, ele gargalhou.

– Vai ser modelo de quê? De sacolas de papel? Você é tão mentirosa, Irina! – zombou antes de insistir que ela estava mentindo e, na realidade, estava sendo mandada para Vyasma.

Bem, quem estava rindo agora? Irina estava, e se soubesse que ser modelo era basicamente não fazer nada, receber quantias absurdas de dinheiro e ainda ganhar um monte de presentes, teria tentado esta carreira anos antes, concluiu enquanto sentava no camarim para limparem a maquiagem. Sua alegria só foi interrompida quando Sofia entrou.

– Ted não conseguiu vir, então me mandou – disse em russo, e Irina percebeu que já fazia dois dias que não ouvia sua língua nativa. – Você é uma menina de muita sorte.

Irina não podia deixar de concordar.

– Eu sei. As pessoas ficam me dando coisas de graça. Acabei de ganhar toda essa maquiagem.

Nunca havia usado maquiagem antes, mas gostou da coisa brilhante que puseram ao redor dos seus olhos.

– Estou falando de Ted – disse Sofia. – Ele é um agente sênior. Nunca trabalha com meninas novas. Eu trabalho com as meninas novas.

– Ele disse que serei famosa. – Irina franziu o rosto para o próprio reflexo, que continuava parecendo o mesmo para si própria. – Aparentemente, tenho um visual ímpar. Você sabe, tanto faz. E adoro cafés da manhã ingleses, e KitKats, Doritos e Burger King. Irina olhou para a barriga, que continuava lisa como uma tábua. – E, como disse, não param de me dar presentes.

Sofia mexeu na bolsa.

– Tenho presentes também – disse. – Celular, não perca. Cartão para andar de metrô e ônibus. E estas são suas chaves de casa.

A atenção de Irina estava voltada para o telefone pequeno e prateado, até Sofia balançar o chaveiro na cara dela. Levantou o olhar e balançou a cabeça decididamente.

– Não, quero ficar no hotel.

– Mas o hotel é caro – Sofia informou em tom de ameaça. – E este apartamento não terá nenhuma russa.

– De onde são as meninas? – Irina perguntou sem entusiasmo.

– As três estão se mudando hoje também. Uma é da Inglaterra, e as outras duas são dos Estados Unidos. São famosas – acrescentou, mas não precisava, enquanto Irina sentia os olhos arregalarem como se não tivesse controle sobre eles.

– Estados Unidos... – suspirou. – Amo os Estados Unidos.

– E fica em Camden. Tem um Burger King e um McDonald's a um minuto de distância, um Sainsbury grande, muitas boates. E terá seu próprio quarto.

– Quero meu próprio banheiro e minha própria TV – Irina interrompeu, pois merecia as duas coisas. Ou, ao menos, havia se acostumado a ambas.

Sofia soltou uma gargalhada.

– É, vai sonhando. Pode comprar uma TV, são bem baratas aqui. E se não conseguir chutar as outras meninas para fora do banheiro quando quiser usar, então a subestimei.

Tinha razão. E duas das meninas eram americanas, então poderiam dar as dicas necessárias para Irina quando fosse morar em Nova York.

– Pensei que não tivessem quartos sobrando – disse a contragosto, pois ainda não estava totalmente de acordo com a ideia.
– Mudamos uma pessoa. Uma australiana ia morar em Camden, mas agora vai ter de dividir com Oksana e as outras. É faixa preta em caratê, então tenho certeza de que vai ficar bem.
Irina resmungou.
– Bem, mesmo que não fosse, não é problema meu.

Capítulo Quatro

O número 37 da Bayham Street não tinha um jardim ou uma borda branca sobre a porta. Entretanto, tinha enormes ônibus vermelhos de Londres passando, uma faixa de pedestres na frente, e um pub na esquina. Irina amou – era exatamente no centro das coisas.

A porta estava aberta, o que era estranho, pois achava que os britânicos tinham mais consciência em relação à segurança do que isso. No entanto, depois viu dois homens lutando para subir as escadas sob o peso de diversas malas decoradas com caveiras e ossos. Pararam para permitir que Irina passasse por eles, o cheiro de tinta fresca passando no fundo de sua garganta.

A porta do apartamento também estava aberta e Irina correu para dentro, concentrada na missão de conseguir o maior quarto. O episódio com aquelas vadias russas havia sido determinante na etiqueta entre colegas de apartamento. Se tivesse o maior quarto, fosse a primeira a escolher, as outras meninas teriam que respeitá-la. Ainda que *fossem* americanas.

Andando pela sala havia uma morena alta. Irina mal olhou para ela. Em vez disso, começou a atravessar o corredor e a espiar para dentro dos quartos.

Havia dois quartos minúsculos, um vazio, outro cheio de caixas e de mais porcarias rosas do que Irina poderia suportar ver sem ser chamuscada. E havia dois quartos grandes. Em termos de metragem não tinha muita diferença, mas um deles tinha uma cômoda e o outro não. Em breve teria muitas roupas grátis para colocar na cômoda.

Decisão aceita, Irina entrou e olhou em volta. As janelas tinham vista para a rua, ela podia até ouvir as buzinas da faixa de pedestre, o que era um ponto positivo. Estava acostumada a muito barulho. Estava pronta para largar as malas e sacos de lixo quando viu o casaco com estampa de leopardo sobre a cama. Droga! Alguém tinha pegado este quarto antes. Tudo bem, poderia ficar com o outro quarto grande no fim do corredor...

— Ei! *Ei!* Que diabos você pensa que está fazendo? Este é o meu quarto! — Havia uma menina pequena na entrada, com a cabeça levantada e um indicador apontado agressivamente na direção de Irina. — É por ordem de chegada.

Era americana e estranhamente familiar com sua pele de porcelana e cabelos negros como tinta. Como as bonecas russas pelas quais os turistas enlouqueciam. Diferente das bonecas, tinha voz e não tinha medo de utilizá-la.

— Saia daqui! — a menina gritou, como se pudesse recorrer aos gritos em vez de bons modos e as pessoas fossem obedecer. Irina já estava cansada de aturar companheiras de apartamento mal-humoradas.

— Não entender — disse lentamente, forçando o sotaque ainda mais. — É meu quarto. — E só para se certificar de que a outra menina havia entendido o recado, Irina se lançou sobre a cama, certificando-se de deslocar o casaco, de modo que caísse no chão. Havia coisas que ultrapassavam as barreiras da língua. Como ações que diziam com clareza "sou maior do que você, e se tentar me tirar à força deste quarto, vou machucá-la de um jeito que jamais pensou que fosse possível".

— Você é deficiente ou coisa do tipo? Já disse que este é o meu quarto!

Yap. Yap. Yap. Era como o cachorro da senhora Stravinsky, do apartamento ao lado. Desapareceu pela porta e Irina seguiu os ganidos de volta à sala, onde ainda estava a primeira menina que viu.

— Porcaria! — irritou-se Irina, cruzando os braços e se voltando para a companheira de quarto número um, que ainda não havia dito uma palavra. — Conhece a garota, hein? — Agora que havia começado com um sotaque eslavo pesado, parecia uma boa ideia dar continuidade até saber onde estava se metendo.

Yap! Yap! Yap! CRASH! A míni-ianque encerrou o faniquito jogando alguma coisa na parede, de modo que um dos quadros pendurados caiu em uma explosão de vidro quebrado. "Era realmente desnecessário", pensou Irina, enquanto sua mais nova inimiga começava a discursar para os homens que ainda arrastavam o resto da bagagem.

Com uma rápida olhada para se certificar de que a ditadora de segunda classe estava colocando as coisas no *outro* quarto grande, Irina seguiu a muda até a cozinha, onde ela estava fazendo chá.

— Leite, três cubos de açúcar — disse Irina. Estava vivendo à base de Coca-Cola havia três dias, pois não havia descoberto onde comprar chá. Decidiu que, se esta menina sorrisse, ou fizesse qualquer coisa remotamente amigável, retribuiria a gentileza.

— Sou Laura — disse a menina. Tinha um sotaque seco, anasalado, e difícil de entender.

— Irina.

— Então, é da Rússia ou coisa do tipo?

Irina definitivamente entendeu a palavra "Rússia", não conseguiu identificar o resto e decidiu responder com um:

— Tanto faz.

E não fazia diferença. Porque a menina era bonita e estava fazendo o que meninas bonitas sempre faziam — olhando para Irina como se ela tivesse se arrastado das profundezas da sarjeta. Como se Irina não tivesse o direito de respirar o mesmo ar que ela.

Olharam uma para a outra por um longo momento. Laura era tão alta quanto Irina e tão bonita pessoalmente quanto modelos deveriam ser. Tinha pele perfeita e cremosa, com um rosado delicado nas bochechas, olhos verdes enormes e uma boca em forma de botão de rosa. Tinha uma cachoeira de cabelos lisos castanhos. Então, virou e continuou fazendo chá, como se Irina tivesse acabado de ser julgada e o resultado tivesse sido frustrante.

Na experiência de Irina, esse era o comportamento padrão de meninas bonitas. Não faziam nenhum esforço, porque não precisavam. Estavam acostumadas a ter pessoas se curvando, sendo solícitas e tudo mais só porque tinham rostos agradáveis de se olhar. Era patético!

Irina olhou de forma maligna para as costas de Laura, notando como os jeans se penduravam baixos nos quadris curvados e o casaquinho vermelho que abraçava seu busto impressionante. Irina jamais poderia usar roupas assim, não porque não fossem vendidas nos mercados que frequentava, mas porque não tinha curvas. Seu corpo era reto e sem variações.

Até agora, as companheiras de apartamento não passavam de uma grande decepção. Além disso, estranhamente familiares, pois tinha a impressão de que também já havia visto Laura. Talvez todas as ocidentais fossem iguais, com suas roupas perfeitas, cabelos perfeitos, e maneira perfeita com que se enquadravam em qualquer situação, como se tivessem direito divino de estar nelas.

– Quer um? – Laura interrompeu o devaneio de Irina, empurrando uma xícara e segurando uma caixa plástica que continha diversos quadrados com aroma doce. Comida! Irina estava quase desmaiando de fome, fazia horas desde que comera arroz com *chilli* no *set*.

Pegou um punhado do que quer que Laura estivesse oferecendo e deu uma mordida enorme em alguma coisa com aspecto de aveia e muito doce.

— *Spasibo...* — murmurou. A mãe a teria matado por falar com a boca cheia. — Cacete, que fome! — "Se não a matasse por xingar primeiro", pensou Irina, antes que alguém batesse em seu braço, quase derrubando o chá.

Era aquela americana idiota tentando se meter na hora do chá.

— Qual é o seu nome? — perguntou a Irina, com o queixo realçado, pedindo para encontrar o punho de alguém.

Irina a encarou sem piscar e continuou enfiando as comidinhas de aveia de Laura na boca. Não, não ia ceder um centímetro, e também estava tentando se lembrar de onde conhecia as duas.

— Irina, Candy. Candy, Irina. — Laura estava fazendo as apresentações. — Candy é...

Até o nome era familiar. Candy. Candy. Candy... Era Candy Careless, estrela de um *reality show* da MTV que assistia às vezes. Candy morava com duas pessoas de um grupo de rock, que não podiam ser seus pais, pois ambos agiam como se tivessem quinze anos de idade. Candy se irritava a cada cinco minutos. Era possível que fosse completamente descontrolada.

E, enquanto Irina pensava em programas de TV, sua mente voltou para a maratona de *Faça de Mim uma Modelo* que havia assistido na noite anterior, em que uma menina igualzinha a Laura havia vencido...

— Você na TV — Irina disse a Candy, e, em seguida, a Laura: — Você também. Estranho. — Não era à toa que as duas eram tão convencidas. Irina saiu da cozinha para que pudessem conversar sobre seus pontos de audiência, ou sobre máscaras de beleza, ou sobre o que quer que meninas bonitas conversassem.

    De volta ao quarto, caiu gloriosamente na cama enorme e tentou ajeitar os pensamentos. Será que todos tinham os próprios programas de TV? Havia lista de espera? Teria de perguntar a Ted.

Capítulo Cinco

Outra menina chegou mais tarde naquela noite, enquanto Irina separava as roupas novas das velhas e sujas. Estava no caminho para a cozinha para tentar descobrir como operar a máquina de lavar, com os braços carregados, quando esbarrou em uma visão loura, que ganiu em surpresa e disse:

– Sou Hadley – e saiu do caminho.

Irina soube quem era imediatamente. Hadley Harlow era famosa até na Rússia. A irmã mais nova de Irina, Elisaveta, tinha até uma boneca Hadley falsificada. E quando a TV ainda funcionava, sempre passava *A Casa de Hadley*, dublado em russo. Então era estranho ouvir a verdadeira Hadley, oito anos mais velha, com um nariz completamente diferente, falando com sotaque americano sussurrado. Contudo, era prova de que todas aqui eram famosas.

Irina gostava disso. Não se importaria em ser famosa também. Apesar de sua prioridade número um ser se tornar podre de rica.

Agora, apesar de serem nove da manhã, Ted já havia telefonado e a informado de que tinha compromissos, ou visitas, onde encontraria pessoas que marcariam sessões de fotos com ela.

– Vista alguma coisa bonita e tente parecer interessada quando falarem com você – aconselhou.

Irina estava com um dos novos conjuntos esportivos. Era rosa. Rosa era bonito, até onde sabia, apesar de ter ficado imaginando se deixava sua pele mais pálida do que o normal. Tinha quase certeza de que tênis não eram bonitos, então colocou sapatilhas baixas, que vieram com a sessão esportiva, e um pouco de sombra brilhante no olho.

Estava mexendo na geladeira à procura de comida quando Candy entrou.

– Vai sair assim? – perguntou incerta a Irina, como se tivesse alguma coisa a ver com isso, principalmente quando estava com um vestido por cima de uma calça jeans. Escolha jeans ou escolha um vestido, mas não vista os dois ao mesmo tempo.

Irina demorou para responder. O tempo que levava para tomar leite que não era dela direto da caixa. Problema: propriedade era roubo – a não ser que fosse propriedade de Irina.

– *Você* vai sair assim? – retrucou.

– Tudo bem, no mundo desenvolvido isso é, tipo, o que chamamos de um vestido *vintage* – Candy informou com desdém. – E este é meu estilo. Chamo de bibliotecária desvirtuada dos anos 1950.

Irina nem precisou fingir confusão, apenas o sotaque carregado.

– Não entendo – disse sem expressão. – Você parece como louca.

Já havia aprendido que era melhor se retirar, enquanto Candy ainda se engasgava em fúria. E quando Irina saiu pela porta da frente, Candy só teve tempo de engasgar:

– Ouviu o que aquela vaca acabou de dizer para mim? – perguntou a Laura.

Entender o metrô era pior do que resolver equações de álgebra. Quando Irina traduziu os nomes em caracteres russos e os relacionou ao próprio *A a Z*, e às diferentes cores de linhas do metrô, dez minutos haviam se passado. Muitas pessoas impacientes esbarravam nela. Enquanto se colocava diante do quadro de instruções do metrô, pensando se queria ir via Bank ou via Charing

Cross. Tudo em Londres a irritava de forma imperiosa naquele dia. Inclusive a fila longa de meninas saindo da porta e descendo as escadas quando Irina chegou ao seu primeiro compromisso.

A única coisa diferente em cada um era a cor dos olhos. Fora isso, poderiam ter todas saído de algum catálogo no qual meninas elegantes e esguias com pele perfeita e cabelos brilhantes eram o padrão. Ouviu alguns risos quietos quando se juntou ao fim da fila e fixou os olhos em um ponto à meia distância, para que não precisasse olhar para as meninas com os jeans escuros superapertados e blusinhas curtas. Apesar de jamais admitir, nem sob intenso interrogatório, talvez Candy estivesse certa em relação à roupa.

Ou não. Meia hora depois, quando Irina finalmente chegou ao início da fila e foi conduzida para o escritório de alguém, três pessoas em volta de uma mesa de vidro caíram sobre ela com gritinhos animados.

– Conjunto esportivo *e* sapatilhas sem salto? Incrível! – exclamou uma menina de cabeça raspada.

O colega dela concordou.

– Meu Deus, é tão marginal-chique!

– Russa, certo? Direto do avião – disse uma mulher mais velha, sem nem sequer esperar por uma resposta de Irina, pois ela obviamente era burra demais para saber do que estavam falando. – Adoro ela! Tão crua. Um cruzamento de menininha esportista com Ingrid Bergman. Preciso que ela ande, Paul.

Paul obviamente era o tradutor oficial.

– Você. Tem. Saltos. Altos. Com. Você? – perguntou lentamente a Irina e em voz alta, como se ela tivesse milhares de neurônios a menos.

Ted não havia dito nada sobre saltos. Havia muitas coisas que Ted não mencionou. Irina balançou a cabeça.

– Portfólio?

Isso tinha. Sofia lhe dera uma pasta preta brilhante com algumas fotos instantâneas da sessão esportiva. E também a orientou para que dissesse a eles:

— Também não tenho... Como diz? *Composite* ainda. — A mulher mais velha começava a olhar para a porta como se mal pudesse esperar para contratar a próxima menina que entrasse por ali. Então veio a inspiração. — Também, não foto quinta-feira, pois faço *Vogue* nesse dia.

Fez-se um instante de silêncio espantado.

— Bem, o que estão esperando? — ganiu a mais velha. — Marquem com ela agora! Irina parou em uma sapataria no caminho, para o próximo compromisso de comprar um par de sapatos de salto, mas ninguém tinha nada acima de 41. Não que fosse fazer alguma diferença no final. Os idiotas que a encontravam não paravam de falar no conjunto esportivo com sapatilhas, fizeram diversos comentários racistas sobre sua origem cultural e ficaram todos excitados com suas maçãs do rosto. Quando Irina abria a boca para falar com eles em inglês claro, os malucos delirantes de austeridade, que pareciam ser empregados pela indústria da moda britânica, simplesmente se urinavam todos. Depois marcavam sessões com ela.

E o que fez daquele o melhor dia de todos os tempos foi o momento em que saiu do último compromisso.

— Você. É. Muito. Linda! — o diretor de Criação gritou para ela. — Tem. Um. Futuro. Brilhante. À. Sua. Frente.

Irina parou com uma meia careta para ver ninguém menos do que Oksana indo em direção a eles, e pela expressão igualmente furiosa em seu rosto, tinha ouvido cada palavra.

— Venho para a história de beleza — Oksana disse friamente para o sujeito.

— Ah, pode dar meia-volta. Já foi preenchida, querida — disse casualmente, antes de voltar-se outra vez para Irina. — Nós. Estamos. Muito. Animados. Para. Trabalhar. Com. Você.

Capítulo Seis

Irina levou três dias para perceber que ser modelo, na realidade, não era tão legal assim. Detestava os estilistas e as roupas estúpidas. As maquiadoras que podiam falar sobre brilho labial durante quinze minutos sem parar para respirar. Os fotógrafos que a tratavam como se fosse um manequim para todas as poses, e clientes que a protegiam e automaticamente presumiam que ela tivesse passado por uma lobotomia frontal completa antes de entrar no avião.

E Irina percebeu que também detestava Londres. Londres era luz intensa sem qualquer sombra onde pudesse se esconder, principalmente nos interiores brancos e claros de um estúdio fotográfico. Londres era ficar de lingerie enquanto pessoas mexiam em seu cabelo, cutucavam sua pele e colocavam alfinete atrás de tudo que vestia para que coubesse melhor. Londres eram pessoas falando para ela, nunca com ela. E quando não falavam, simplesmente sorriam. Esta era a coisa mais difícil de se acostumar. Irina não conseguia entender por que todos sorriam o tempo todo e diziam "desculpe", mesmo quando tinha sido ela que esbarrou neles. Na Rússia as pessoas não sorriam ou se desculpavam a não ser que tivessem um bom motivo para isso.

E agora, Irina ainda nem havia entrado nos salões de chegada do Aeroporto Internacional Narita de Tóquio antes de decidir que também *detestava* o Japão.

Aprender a lidar com dinheiro britânico e com o novo celular já tinha sido difícil demais, sem ser mandada para Tóquio. Ted só avisou com um dia de antecedência e deu o conselho enfático de que "os japoneses dão muito valor aos modos, Irina, e não estão acostumados a lidar com adolescentes russas esquentadas. Não irrite ninguém".

Eram seis da tarde e tinha perdido um dia inteiro no voo de doze horas. Entretanto, mesmo descontada a falta de sono, Tóquio ainda era uma droga. Assim como todos os japoneses que a olhavam como se nunca tivessem visto uma menina de um metro e oitenta. Duas mulheres até apontaram para ela, os rostos incrédulos, como se Irina tivesse escapado de um zoológico, ou de um presídio de segurança máxima.

Havia outro motorista segurando outra placa com seu nome ao passar pela alfândega, após latirem para ela em uma língua que não tinha nenhuma semelhança a qualquer outra que já tivesse ouvido. Irina se acomodou no banco de trás para a viagem de noventa minutos até o distrito de Shinjuku.

Pensou que o embalo do carro fosse ajudá-la a cochilar, mas do lado de fora das janelas era tudo tão brilhante que machucava seus olhos vermelhos e secos. Havia milhões de placas de neon acesas e brilhando com caracteres japoneses que lembravam rabiscos complexos. E como tantas pessoas alvoroçadas podiam caber em uma mesma cidade, não entendia. Deveria ser interessante, mas não era. Era assustador e estranho, e se mandassem ir de metrô para os trabalhos, se perderia e ficaria dias vagando pelo metrô de Tóquio antes de encontrar um turista que falasse inglês.

Foi um alívio entrar no hotel e fazer o check-in. Exceto que havia milhares de funcionários com uniformes pretos e não sorriam, apenas, mas se curvavam em reverência enquanto Irina ia para a recepção, depois para o elevador, e finalmente para o quarto, sem conseguir entender uma palavra do que era dito. O sotaque de Manchester de Laura já era ruim o bastante, mas inglês filtrado por japonês fazia tanto sentido quanto marciano.

Seu estômago rugia inquieto, enquanto Irina soltava no chão um fax da agência japonesa que a queria no escritório antes das onze do dia seguinte. O quarto era lustroso e estiloso, ocupado por uma cama larga e baixa coberta por linho branco; havia também uma TV imensa e, após abrir alguns armários, Irina encontrou um frigobar.

Dois pacotes de amendoim e uns biscoitos de arroz estranhos com uma lata de Coca (que não tinha o mesmo gosto da Coca britânica) só fizeram com que seu estômago protestasse ainda mais, dizendo que estava com fome e queria comida, comida de verdade, agora. Irina olhou para a rua fosforescente vinte andares abaixo, procurando em vão pelos arcos familiares de um McDonald's.

No fim, uma onda de exaustão afogou os roncos de sua barriga, e Irina caiu de cara na cama. Uma noite sem respeitar o regime de beleza não mataria.

Quatro horas mais tarde, Irina estava acordada e trocando os canais da TV negligentemente. Não importava que estivesse com o corpo doído de cansaço, e que o relógio na cabeceira informasse que era uma da manhã. A cabeça ainda estava no horário de Londres, onde eram dez da manhã, e muito depois da hora de acordar. Por que tomou aquela lata de Coca-Cola? Porque era uma ignorante que nunca havia sofrido com fuso horário antes, por isso.

E a televisão japonesa era mais um item a ser acrescentado à gigantesca lista de todas as coisas detestáveis no Japão. Era cheia de pessoas cacarejando em japonês e executando rotinas de malhação bizarras em *collants* berrantes que faziam até Irina franzir o rosto. Ou filmes de artes marciais. Ou programas musicais com meninas adolescentes gritando notas tão agudas que só morcegos poderiam ouvir. Até *Os Simpsons* era dublado em japonês.

A bateria do iPod acabou às três e meia da manhã e a tomada do carregador não encaixava na parede. Irina pensou em bater com a cabeça na parede para se nocautear, depois comeu um pacote de umas balas japonesas com um gosto estranho do frigobar na banheira. Depois disso não havia nada a se fazer além de deitar no colchão duro para que pudesse olhar o teto e ouvir o sussurro do ar-condicionado.

Deve ter voltado a dormir sem perceber, pois foi acordada pelo telefone. Aparentemente, e não estava muito certa disto, havia um carro esperando para levá-la de volta à agência de modelos japonesa. Só teve tempo de enfiar os jeans apertados que Laura havia largado na máquina de lavar e um casaco, e pentear o cabelo para trás, para que todos pudessem ver suas maçãs do rosto. Hadley havia dito que latas geladas de Diet Coke eram a melhor coisa para olhos sonolentos, então Irina pegou duas ao sair.

Quando chegasse à agência de modelos, iria sorrir. E depois pediria comida. Comida de verdade. E quando a barriga estivesse cheia, não se sentiria como se pudesse socar a próxima pessoa que se curvasse em reverência para ela. Bem, esse era o plano em linhas gerais.

Mas quando Irina chegou à agência de modelos, ninguém pôde vê-la sorrir, pois estavam todos ocupados demais se curvando e chamando-a de "senholita Ilina".

– Tomo café agora? – Irina perguntou esperançosa, e eles sorriram e mostraram uma salinha. Irina sentou-se em uma almofada de chão (não pareciam muito fãs de sofás na terra do Sol nascente) e esperou com expectativa por uma cesta de doces e café. Oras, comeria até fruta.

Em vez disso, entrou uma menina, se curvou, e colocou um DVD em um espacinho na TV grande no canto.

– Você assiste – ela disse a Irina antes de se curvar e sair da sala.

O DVD era um filme instrutivo sobre como ser modelo no Japão. Irina assistiu com espanto enquanto uma menina desenvolta com um rabo de cavalo e um sorriso permanente executava um monte de poses coreografadas.

A um foi um perfil três quartos padrão para a direita.

A dois foi um perfil três quartos padrão para a esquerda.

A três, uma foto de frontal, cabeça e ombros com um grande sorriso, e antes da quatro Irina já estava cerrando os dentes de trás e imaginando que gosto teriam os colchões do tatame.

Irina ficou sentada durante meia hora depois que o DVD acabou porque estava assustada demais para colocar a cabeça para fora da porta e pedir comida. Bem, assustada não, mas tanta reverência e bons modos estavam começando a espantá-la. Foi quando outra menina entrou, trazendo um biquíni branco, e indicou com uma série de gestos manuais que Irina deveria vesti-lo.

Era pequeno demais. Obviamente tinha sido feito para as japonesas pequeninas que havia visto pela janela do carro. Mal cobria o bumbum de Irina e só havia cordão o suficiente para amarrar as pontas depois que esticou o tecido. Se Laura estivesse vestindo, com os peitos grandes e o bumbum gordo, ficaria praticamente nua. Como estava, Irina ajustou a parte inferior para que não desaparecessem por completo, e saiu.

Todos se curvaram em reverência outra vez, e agora ela nem tentou sorrir, mas cruzou os braços para se certificar de que não estava mostrando os mamilos e inclinou a cabeça uma fração de centímetro.

– Foto – alguém disse, segurando uma câmera, e Irina esticou os braços em uma pose que pode ter sido a número dez, mas também poderia ter sido número vinte e três, e olhou fixamente para a lente.

Aquilo levou quinze minutos, depois alguém disse:
— Ande — enquanto todos abriam caminho para Irina pavonear-se.
Seu andar ainda não tinha aparecido em público. Apesar de ter estudado desfiles diligentemente no Canal da Moda, Irina se viu executando seu andar de furtos dos tempos não muito distantes em que tinha de andar com coisas nos bolsos do casaco, torcendo para não atrair a atenção de um segurança. Seus passos eram lentos, como se tivesse todo o tempo do mundo, mas com uma bravata insolente para dar a impressão de que não era bom mexer com ela. Quando andou nas visitas, os clientes disseram que tinha uma graça felina, mas Irina não sabia ao certo como os japoneses interpretariam. Estavam todos conversando animados, e a porcaria da câmera continuava fotografando. Se ela desmaiasse de fome, seria benfeito para eles.

De volta às velhas roupas, recebeu um itinerário datilografado, por sorte em uma língua que lembrava vagamente o inglês.

— Sessão de fotos amanhã, hoje jantar com cliente, homens importantes, e vamos para hotel às... — a agente japonesa franziu o nariz ao procurar pela palavra certa. — Oito.

— O que faço agora? — perguntou Irina, olhando para o papel, que não oferecia pistas.

— Folga.

— Como volto para o hotel? — não conseguia sequer lembrar o nome.

A menina sorriu. Sempre os sorrisos.

— Táxi. Escrevo endereço em japonês para você.

— E como consigo comida?

— Comida em hotel, sim.

— Mas comida inglesa, *ja?*

— Comida boa em hotel.

— Como pizza, hambúrguer ou carne?

— Sim. Você ir agora. Tchau, senholita Ilina.

Capítulo Sete

Depois que conseguiu pedir um *cheeseburger* com batatas fritas pelo serviço de quarto, Irina desmaiou em um sono profundo, como se tivesse caído de cabeça em uma pilha de penas, e acordou com apenas meia hora para se arrumar para o jantar com os clientes importantes.

Irina passou duas horas em um restaurante usando um vestido Lanvin que havia recebido de um estilista, que nem pretendia levar inicialmente, pois nunca tinha usado um vestido na vida. A conversa correu em torno dela, enquanto remexia em um jantar sofisticado, que chegara em intervalos de quinze minutos em pratos ornamentados que continham coisas nojentas que ela se recusava a colocar na boca. Irina sabia que pelo resto da vida teria pesadelos com os ovos vermelhos de peixe. Jurou que alguns deles ainda estavam se movendo.

No fim, Irina havia desistido de fingir que estava interessada no que as pessoas estavam dizendo e ficou ali sentada, puxando a ponta de um descanso de papel, até chegar a hora de ir embora.

Quando chegou ao hotel, pediu outro *cheeseburger* com fritas pelo serviço de quarto. Não conseguiram compreender seu sotaque, então mandaram uma vasilha de arroz e alguns cubos de peixe. Então foi para a cama com fome. Não dormiu. Depois dormiu tarde demais. Definitivamente havia um padrão ruim emergindo. Irina ainda não havia entendido a questão do café da manhã. Pedia pelo serviço de quarto? Havia algum lugar especial onde deveria pegar? Será que poderia encontrar alguém que falasse lentamente e soubesse pronunciar a letra "r"?

Por sorte, quando chegou ao estúdio para uma sessão de fotos de cosméticos, havia restos de um buffet de café da manhã sendo retirados. Irina nem se incomodou em cumprimentar as pessoas que olhavam para ela enquanto entrava, pegou dois pães de uma bandeja que passava e deu uma mordida enorme antes que alguém pudesse pedir de volta.

Em seguida, saiu outra vez para que pudesse ficar no corredor e devorar o pão com tanta rapidez que ele acabou preso em sua garganta e ela teve de deslocá-lo com goles frenéticos de Diet Coke. Hadley mentiu, pois as latas não produziram nenhum efeito nas olheiras, que estavam grandes o suficiente para servirem de bagagem quando voltasse para Londres.

Irina voltou para o estúdio para encontrar Aaron, o fotógrafo, um americano grisalho de meia-idade que falava pausadamente. Havia também uma intérprete que piava tão suavemente que Irina mal entendeu as apresentações a dez (dez!) executivos da empresa de cosméticos, cujos nomes todos pareciam terminar em "san", e uma mulher nervosa da agência de modelos que não parava de mexer as mãos. Irina decidiu diminuir o prejuízo e se curvou a todos, e até arriscou um sorriso, apesar de ter certeza de que tinha massa queimada entre os dentes. Ted ficaria orgulhoso dela. Quando disse "mushi-mushi" como ouvira os funcionários do hotel se cumprimentarem, todos suspiraram. Que bando de babacas.

Irina tentou se comportar da melhor maneira possível, tentou de verdade. Mesmo quando a vestiram em um pedaço de seda que mal se via, que batia no topo de suas coxas. E para pessoas que estavam gastando tanto dinheiro com uma sessão para fazer propaganda de maquiagem, Irina não sabia por que insistiam em encher seu rosto com brilho amarelo, rosa e verde, e desenhavam borboletas em sua testa com delineador líquido. Que seja. Não era problema dela.

– Querem muito movimento e energia jovem, então vou colocar um trampolim e você vai ficar pulando – Aaron disse a ela. – Mas quero movimentos de bailarina, muito controle, aponte os dedos das mãos e dos pés e atenção às expressões faciais. Tudo bem?

Irina assentiu.

– *Ja*, tipo *jêtés*, arabesques e tudo mais.

Ele sorriu.

– É, isso mesmo, querida.

Irina deixou o assistente do fotógrafo ajudá-la a subir no trampolim e balançou para cima e para baixo sobre os dedões só para sentir. Isto poderia ser divertido, e se gastasse alguma energia talvez conseguisse dormir à noite.

Esperou para que Aaron desse a deixa, mas ele estava concentrado em uma conversa com a intérprete e um dos homens de terno, antes de a moça se desprender e se apressar até eles.

– O senhor Yakamoto-san diz como cisne em inverno – explicou de forma a ajudá-la. – E muitas poses número dezessete.

E a pose dezessete era?

– Como cisne em inverno? – Irina repetiu, pois algo havia se perdido na tradução.

– É, cisne em inverno e dezessete. – A intérprete se inclinou e voltou para o monte, enquanto Irina tentava se lembrar qual era a pose dezessete.

No final, a pose dezessete não importou em nada. Pois toda vez que pulava, nem tinha chance de aterrissar antes de o senhor maldito Yakamoto-san decidir que não estava satisfeito e mandar a intérprete entregar mais um embaralhado de palavras sobre "flores desabrochando as pétalas com intensidade" e "estrelas cadentes no céu".

O almoço foi entregue e eles ainda não haviam batido um rolo de filme. Irina assistiu com atenção extasiada enquanto os pratos eram desembrulhados. Por que tanta mania de peixe e arroz? Mas havia também uma enorme vasilha de macarrão, uma bandeja de frutas e mais daqueles pães grudentos, que não eram ruins, apesar de a pasta vermelha dentro ser um pouco arenosa.

Irina se agachou para que pudesse sair do trampolim, mas foi interrompida pelo assistente do fotógrafo.

– Aaron disse que você tem de ficar no trampolim! – ordenou em um tom autoritário demais para o gosto dela. – São sempre assim, mas daqui a pouco se acalmam. É uma campanha muito grande para eles, e o senhor Yakamoto precisa se envolver com...

– Estou fome! – irritou-se Irina, pois não precisava ser protegida pelo assistente de ninguém. – Ei, e você já carregou meu iPod? – havia pedido isso há horas, até estalou os dedos, mas ele simplesmente gesticulou, como se tivesse coisas mais importantes a fazer.

Dava para perceber que ele queria enfiar o iPod em algum lugar que fosse doer, mas ele se encontrava muito abaixo dela na cadeia alimentar da moda.

– Fique no trampolim – repetiu de forma mecânica com um sotaque leve e cadenciado, que Irina não conseguia identificar. – E acalme-se, só estou tentando ajudar.

– Que seja, pode ir agora – Irina disse bruscamente, acenando na cara espantada dele enquanto murmurava em russo para si mesma. Era útil poder desafogar na própria língua, e quando duas horas se passaram, o almoço, finalmente, foi liberado e Irina estava sibilando as piores palavras que conhecia cada vez que saltava no ar. Era isso ou explodir em lágrimas, e chorar era coisa para menininhas frescas como aquela Laura.

Ao menos progrediram o suficiente e Aaron estava conseguindo algumas poses entre as interrupções, mas era muito difícil conseguir formas belas e atléticas quando, na realidade, precisava ir ao banheiro, comer, e dar um jeito na maquiagem que pinicava. Nesta ordem.

– *Senholita Ilina*, pose número quatro – disse a intérprete. – Agora pule.

Irina pulou, as pernas se esticando em um arabesco perfeito, os braços curvados em um arco atrás de si, e o rosto virado para a câmera com um olhar fixo.

– *Senholita Ilina*, consegue sorrir com os olhos?

A *senholita Ilina* já havia aguentado o bastante.

– Dane-se essa porcaria! – gritou, saltando do trampolim e dando passos largos na direção do senhor Yakamoto-san. – Qual é o problema? – gritou, enquanto ele levantava as mãos em protesto. – Por que está enchendo meu saco, *ja*?

– Senholita Ilina! Senholita Ilina! – a intérprete e a mulher da agência gritavam de forma uníssona, os japoneses latiam como focas dementes, e Aaron calmamente abaixou a câmera, puxou Irina pela cintura e a levou para o camarim.

– Me largue agora! – ela gritou, antes de soltar uma rajada das piores palavras que conhecia em russo, francês e inglês. Quando se esgotaram os xingamentos e ela estava ofegando sem ar, a mulher da agência estava lá, torcendo as mãos e piando freneticamente. Havia lágrimas correndo por seu rosto. Irina sabia exatamente como ela estava se sentindo.

– Senholita Ilina, você desrespeitou o senhor Yakamoto-san. Nós muito bravos com você – disse através da intérprete, que estava na porta, como se quisesse colocar a máxima distância possível entre ela e Irina.

— Não sou máquina! — gritou Irina. — O dia inteiro, faça isso, faça aquilo. Mas não fazemos nada! Cinco malditas horas em um trampolim.

— Muito bem, precisa acabar com essa atitude agora mesmo, mocinha — aconselhou Aaron, a fala pausada sulista se afiando. — Está desperdiçando o tempo de todos e está *quase* sendo posta no primeiro avião de volta para a Inglaterra.

— Ótimo. Não me importo! Odeio este país e a comida péssima!

Mas Irina estava gritando com uma porta fechada. Todos haviam se retirado e a deixado sozinha. Sozinha, com fome, e ainda precisando ir ao banheiro. Bem, não ia voltar para lá de jeito nenhum, nem para ir ao banheiro.

O que ela realmente queria fazer era gritar e berrar mais um pouco, e bater em alguém. De preferência no senhor Yakamoto-san. Em vez disso, contentou-se em pegar um punhado destas sombras nauseabundas e jogá-las na parede, onde se espatifaram e lançaram um arco multicolorido de pós-iridescentes derramando por todos os lados.

Estava ali fervendo há uma boa meia hora quando Aaron voltou com o bajulador para encontrar Irina no chão com as pernas apoiadas na parede.

Irina reconheceu a presença deles com uma contorção dos dedos dos pés, em seguida, os ignorou. Estava com dor nas costas por causa do maldito trampolim, e se tivesse tido desvio de disco, ia processá-los.

— Vou dar um desconto porque você não sabe como a banda toca — Aaron informou, sentando em uma cadeira com uma perna para cada lado. — Mas se der outro ataque, vou me certificar de que você jamais volte a conseguir outro trabalho como modelo.

E parecia estar falando sério.

Irina se sentou e franziu o rosto.

— Eles me tratam como se eu não tivesse sentimentos — reclamou, enquanto Aaron e o assistente compartilhavam um olhar entretido, o que a fez se coçar de vontade de estapear os dois.

— Você é modelo, acostume-se. — Aaron sorriu, antes de a expressão se tornar mais séria. — É uma sessão de três dias. Você recebeu o cronograma, querida. Isso significa que passamos por umas boas chatices corporativas hoje e fotografamos mais adiante na semana.

— Ninguém me conta isso — Irina disse de mau humor.

— Bem, estou contando agora. — Aaron apontou a cabeça na direção da porta. — Eles pensam que sua avó acabou de morrer, mas você vai vestir um casaco, óculos escuros e Javier vai levá-la para o outro lado da rua para que possa comprar flores e pensar em um pedido de desculpas que seja convincente e sincero.

Estava na ponta da língua dizer a eles que nunca se desculpava, mas Irina se conteve. Principalmente, porque Aaron continuou:

— E se maltratar Javier novamente, dei permissão a ele que te batesse.

Irina não tinha muita certeza de que Aaron estava brincando, então saiu em silêncio, certificando-se de empurrar Javier no batente da porta ao passarem. O nome de Javier estava na agenda da semana, mas Irina não sabia que o J era pronunciado com som de R, não que Irina tivesse alguma intenção de dizê-lo em voz alta.

Em vez disso, uma vez que saíram, ela virou para lançar a Ha--vee-eh (ou como quer que fosse a pronúncia) o olhar mais imundo que já havia conseguido executar. Era realmente espetacular.

— Na Rússia não gostamos de enxeridos — sibilou venenosamente. — Os empurramos no canal em pleno inverno!

Quando Irina voltou, com os braços cheios de flores delicadas e espinhentas, ela encurralou a intérprete primeiro, que parecia o toque mais suave. O fato de que parecia apavorada em relação a Irina também ajudou. De qualquer forma, aceitou o perdão e ficou feliz em passar dez minutos dando uma aula de japonês de última hora.

Quando se aproximou do senhor Yakamoto-san, os lábios dele se contraíram, e seus pequenos capangas tentaram bloquear a passagem de Irina. Segurando as flores, ela se inclinou tão baixo que quase tocou a cabeça no chão antes de avançar em direção a ele.

— Estou arrependida do meu comportamento — disse num japonês que considerava aceitável. — Estou desolada com a morte da minha avó. Por favor, encontre a generosidade de me perdoar.

Ambas as suas avós ainda estavam vivas e ela esperava sinceramente que Deus não se vingasse derrubando uma delas como troco. Principalmente porque o senhor Yakamoto-san estava cheio de sorrisos e até se esticou para afagar a cabeça de Irina, o que normalmente seria sua deixa para tentar arrancar a mão do pulso.

— Senhor Yakamoto-san diz que seu pedido de desculpas quase tão bonito quanto seu rosto — falou a intérprete, enquanto os capangas sorriam e se inclinavam.

O apocalipse foi evitado. Irina deixou a maquiadora aplicar ainda mais brilho e subiu novamente no trampolim.

Ignorou as pontadas de fome e a cãibra no pé esquerdo e pulou, posou, depois esperou pela próxima instrução do senhor Yakamoto-san.

Passaram-se horas até encerrarem o dia com meros dois rolos de filme.

Irina mal podia esperar para retirar a maquiagem e se trocar, vestir roupas que não mostrassem sua lingerie para o mundo. Voltou para o estúdio e encontrou Aaron e Javier guardando o equipamento.

Se ela não tinha o hábito de se desculpar, o de agradecer muito menos, mas seria bom voltar às boas com o fotógrafo – antes que ele pudesse ligar para Ted.

– A dica que me deu sobre as flores foi boa – disse casualmente. Aaron ignorou e continuou guardando as lentes da câmera de volta nas caixas. – Então, tipo, somos amigos outra vez, *ja*?

– Agora não, docinho – disse. – Se acha muito especial só porque conseguiu alguns trabalhos? Bem, não é. É só mais uma modelo que ainda pode estar por aqui em alguns meses. E se aprontar outra dessas comigo, juro por Deus, volta para a Rússia em um piscar de olhos. Agora saia!

Capítulo Oito

Irina ainda estava tremendo de fúria quando chegou ao hotel. Era o tipo de raiva que ela normalmente resolvia quebrando coisas ou jogando objetos no canal atrás do condomínio de prédios. Não parecia haver nenhum canal em Tóquio, então Irina pegou o cesto de lixo e bateu contra a parede até que se tornassem apenas lascas de madeira. Mas isso não fez com que se sentisse melhor. Aliás, fez com que se sentisse pior. Como se quisesse se espatifar contra a parede, até que se quebrasse em pedacinhos. Depois poderia se recompor em uma versão mais bonita, mais feliz e menos danificada de Irina, que pertencesse ao mundo, e não se sentisse como uma intrusa em todo lugar que ia.

Não era de fato uma opção. E jogar rolos de papel por todos os lados era simplesmente patético! Foi só quando rasgou o conjunto esportivo lilás que Irina se sentiu calma o bastante para preparar um banho e tirar a maquiagem.

Estava prendendo o cabelo na toalha, ainda tremendo levemente, quando ouviu uma batida na porta. Não havia pedido nada pelo serviço de quarto, pois planejava ir até um dos restaurantes do hotel e desenhar uma pizza se fosse preciso, então quem diabos estava batendo?

Esfregando a mão na testa que latejava, Irina abriu a porta.

— O que você quer? — perguntou ao ver Javier ali parado. Falar não foi uma boa ideia, pois sua voz tremeu de forma alarmante.

— Você largou o iPod para trás — disse calmamente, como se ela não estivesse lançando a ele um olhar cheio de ira. — Aqui, pegue. Estava mesmo passando pelo hotel.

Ela pegou o MP3, mas o menino irritante estava passando por ela para que pudesse entrar no quarto e supervisionar o caos que tinha conseguido criar espalhando o que havia nas malas.

— Passou algum furacão por aqui? — perguntou com a voz entretida. — Sabe guardar as roupas?

— Meninas russas não guardam as roupas! — irritou-se Irina, batendo a porta atrás dele, pois podia ser que logo começasse uma gritaria. — Não convido para entrar!

— Está preocupada com a possibilidade de Aaron contar para o seu agente sobre a ceninha? — Javier perguntou gentilmente. — Tenho certeza de que não vai. Provavelmente só estava tentando assustá-la para que se comportasse.

Irina tentou fazer com que parecesse não se importar com qualquer que fosse o caso. Encarou Javier cautelosamente, melhor mantê-lo do seu lado até estar com o iPod de volta, depois acabaria com ele. — Você é americano?

Javier olhou pela janela para a paisagem urbana iluminada, a sombra escura do Monte Fuji se erguendo ao longe.

— Do Brasil, originalmente, mas moro em Nova York há cinco anos.

Ela processou a informação. O sotaque dele era melódico e suave, totalmente diferente da maneira severa com que ela expelia as palavras.

— Por que você é tão brava, Irina? — e ele dizia seu nome como se fosse um poema.

Ela deu de ombros.

— Não brava. Só o jeito que falo, só.

— Certo, se você está bem...

Fashionistas | Irina

Ela estava bem. Estava ótima. No entanto, se passasse mais uma noite neste sem ter com quem conversar, tentando pedir comida que não era a que queria e assistindo a programas de TV que não conseguia acompanhar...

– Estou com fome! O tempo todo estou com fome e eles não entender meu sotaque e eu não entende o deles e ficam me dando peixe, e detesto peixe – soltou. – E todos me olham como se eu girafa e se curvam e sorriem o tempo todo e eles sempre tão educados e é uma droga!

– E você fica de mau humor quando está com fome? – Javier sorriu levemente. – Minha tia é igualzinha.

– Minha barriga dói e é tudo que consigo pensar – disse Irina, a garganta começando a ficar apertada e inchada novamente. Sentou-se na cama e olhou para Javier. Era um menino muito bonito; alto e esguio com cabelos castanhos escuros brilhantes caindo em volta do rosto escultural. Não fazia o tipo dela. Ela gostava de louros musculosos como Sergei, que tinham jeito para brigar. Javier parecia do tipo que cobriria a face para proteger as maçãs do rosto e a boca efeminada se alguém quisesse se aproximar.

Fez-se um momento de silêncio longo demais e Irina, de repente, sentiu-se envergonhada pelos punhos cerrados e o rosto manchado. A maquiagem de hoje havia coberto a maioria das sardas.

– Se conta para alguém o que disse, faço matar você – declarou do jeito mais ameaçador possível. – Conheço pessoas.

Javier não pareceu muito incomodado, mas se moveu em direção à porta ativamente. Em seguida, pausou e virou.

– Vou encontrar alguns amigos agora, pode sair com a gente se quiser – ofereceu. Irina teve a sensação de que ele se arrependeu das palavras assim que elas saíram da sua boca.

Azar o seu, bonitinho.

— Dê cinco minutos para me vestir.

A primeira coisa que Irina queria fazer era caçar o McDonald's mais próximo e pedir tudo do cardápio, menos o McFish. Contudo, Javier se recusou a participar disso.

— Não pode comer McDonald's no Japão! — protestou, enquanto Irina olhava freneticamente em todas as direções. — Você deveria explorar a cultura local.

— A cultura local tem nuggets de frango, batata frita e *cheeseburger*? — Estava começando a babar, ou simplesmente parecia louca e transtornada, porque Javier suspirou, em trégua.

— Vamos entrar em um acordo — disse. — Vamos ao Mos Burger; é como o McDonald's japonês.

O Mos Burger era muito mais legal do que o McDonald's. Irina havia achado a comida na Inglaterra um pouco amena demais para uma garota que havia crescido com chucrute e pepininhos. Devorou um *cheeseburger* apimentado com fritas, em seguida, enquanto Javier olhava espantado, pediu um hambúrguer de frango teriyaki, outra porção de batatas fritas e uma torta de maçã de sobremesa.

Javier comeu um hambúrguer de arroz com uma coisa chamada raiz escura, porque era vegetariano. Irina nunca havia conhecido um vegetariano, mas confirmava todas as suas suspeitas. Que tipo de homem não comia carne? Não era normal, e ela disse isso para ele.

— Você solta cada pensamento e opinião que tem? — perguntou pensativo.

Irina assentiu firmemente.

— Detesto pessoas com duas caras, ou sei lá. Minhas colegas de apartamento fingem ser abertas e falar de sentimentos, mas nunca dizem o que pensam de verdade. — Ela apontou para si mesma. — Eu digo a verdade.

— Sua versão da verdade — destacou Javier, apoiando os braços na mesa. Tinha mãos lindas; os dedos eram longos e cônicos, e ele gesticulava o tempo todo enquanto falava. — Algumas pessoas podem enxergar as coisas de outro jeito, e algumas pessoas podem se chatear com essa sua... hum... franqueza.

Irina não acreditou naquilo nem por um segundo.

— Então são uns fracos — resmungou com a boca cheia de batatas. — Só me irrito quando as pessoas ficam de papo furado.

Javier teve a audácia de pegar uma batata, mas como ele pagou a comida, Irina resolveu não agredi-lo. Além disso, ainda precisa perguntar a ele como conseguir ienes.

— Tudo bem, serei honesto com você — disse com um sorriso desafiador. — Você é a pessoa mais grossa que já conheci, e acho que tem teníase.

— Está começando a pegar o jeito — Irina sorriu de volta. — Agora, por que tem amigos em Japão? Longe de Brasil, *ja*?

— Trabalhei muito aqui. Eu era modelo — acrescentou quieto, como se fosse motivo de vergonha, e com certa razão. Havia algo de muito errado em homens sendo modelos, e não comendo carne também. Possivelmente ele era gay.

— Você é bicha?

Javier franziu o rosto como se estivesse morrendo de dor.

— Não, Irina, não sou "bicha". E isso é muito ofensivo! Diga apenas "Você é gay?".

— Aprendo muito inglês de fitas de rap! — Irina disse irritada. — Não ligo se você é *um* gay.

— Só "gay", e não sou. Tem mais alguma pergunta extremamente pessoal que queira fazer?

Ele ficou todo arisco e defensivo como um gato na água. As pessoas eram tão sensíveis...

— Então não devo mais chamar ninguém de piranha, michê ou filho da...

— Qual é o seu problema?! – Javier exclamou afiadamente.
Irina se levantou e o cutucou com o quadril.
— Estou brincando! Pessoas na moda não brincam? Agora você me mostra como consegue iene.

Capítulo Nove

Irina seguiu Javier por uma escadaria e uma sala cinza curva com aglomerados de sofás brancos e poltronas. Era como estar em uma espaçonave. Javier foi até um grupo de pessoas no fundo perto do bar, e Irina não teve escolha senão segui-lo como um cachorrinho dedicado. Esperava sinceramente que os amigos de Javier não fossem uns metidos, como todos do mundo da moda que conhecera até agora.

– Está é Irina, ela é russa, estamos trabalhando juntos! – gritou. – Irina, estes são Charlie, Hisae, Maia, Bill...

Era como a Organização das Nações Unidas dos amigos. Havia meninas estilosas japonesas, australianos, alemães, americanos, franceses... Irina sentou-se em um espaço que abriram para ela e pegou um punhado de ienes, que entregou a Javier.

– Eu compro, nós bebemos.

Era a melhor maneira que conhecia de quebrar o gelo.

Irina bebia vodca pura desde os doze anos de idade. A mãe misturava com pimenta quando tinha gripe. Vodca era o combustível da vida na Rússia. Em grandes eventos familiares faziam refeições que duravam horas, cada prato acompanhado por uma dose de vodca. A questão não era ficar bêbada (apesar de o primo Nikolai não concordar), mas compartilhar um drinque com amigos ou familiares, brindando a saúde e desfrutando da companhia.

Beber não era isso neste novo mundo. E as garrafas de cerveja japonesa eram completamente diferentes. No entanto, Irina ficou feliz em fazer tinir uma contra as laterais das outras sendo erguidas e gritou um rápido *"Budem zdorovy"* antes de tomar um gole cauteloso. Não havia petiscos por perto, e ela não queria ficar bêbada na frente de Javier e dos amigos. Ele já a tinha visto meros instantes após um ataque monumental, e só aquilo era ruim o bastante. Contudo, uma garrafa de cerveja e uma longa conversa sobre o novo filme do Batman, que Irina tinha visto no avião, a deixaram com uma sensação agradável.

Javier, de repente, sentou-se ao lado dela e perguntou se ela estava bem, como se a resposta realmente interessasse a ele. Irina pensou freneticamente em uma resposta que fosse deixar os olhos grandes e escuros fixos nela, mas ela não precisava se preocupar. Ele estava satisfeito em tagarelar sobre o ex-amor de sua vida, Beatriz, uma modelo brasileira que soava como uma vaca mimada e vazia, até onde Irina podia perceber.

– Ela era tão linda... – suspirou ele, e obviamente não estava habituado ao álcool como Irina, pois ficava se refestelando, como se ficar sentado exigisse esforço demais. – Crescemos juntos em São Paulo. Tirei as primeiras fotos dela; cara, tinha pernas que iam até as axilas, e o corpo... – ele montou um oito com as mãos, enquanto Irina revirava os olhos. Homens eram tão previsíveis, sempre se distraíam com curvas. – E ela arrumou meu primeiro trabalho de modelo...

Irina se desligou enquanto Javier embarcava em devaneios sobre o loft em Nova York, e sobre viajar o mundo com a bela Beatriz até ela dispensá-lo por um herói de ação de Hollywood e ele fugir para o Japão.

– Estas são pessoas boas – anunciou, acenando a garrafa de cerveja para os amigos. – Me tiraram do meu estado de torpor e me ajudaram a conseguir alguns trabalhos por trás das câmeras. E depois tomei uma decisão importante... sabe qual foi?

Irina não sabia, e não queria muito saber, mas gostava de ouvir a voz cadenciada de Javier.

– Vá em frente.

Javier se aproximou ainda mais, de modo que seu hálito morno fez cócegas na orelha dela.

– Nunca me envolvo com modelos. Elas são encrenca.

Irina não sabia se devia se sentir ofendida por ter de algum jeito a palavra "encrenca" estampada na testa, ou lisonjeada por Javier não incluí-la com todas as outras modelos com as quais não se envolvia, pois o calor sólido do braço dele estava agora em seus ombros.

– Você está bêbado – informou, em tom de reprovação. – Homens de verdade sabem beber.

– Então não sou um homem de verdade – Javier lamentou, esticando um dedo sem firmeza para poder passá-lo na bochecha dela. – Nunca vi sardas como as suas.

Não eram sardas. Sardas eram marquinhas fracas que ficavam bonitinhas em meninas como Laura. Irina tinha manchas escuras sobre o rosto, como se alguém tivesse passado um pincel marrom por lá.

– Está bêbado *e* está falando besteira.

– Sardas são como beijos de sol! – Javier insistiu. – *Beijos de sol* – acrescentou em português, e Irina sentiu um tremor passando pela espinha porque parecia que ele estava passando os dedos por sua pele.

A cerveja do mal – normalmente Irina não tinha um osso romântico no corpo. Javier quase caiu quando ela saiu de debaixo do braço dele. Sem seu apoio em forma de Irina, ele quase escorregou para o chão, mas ela ignorou sumariamente e começou a

conversar com Maia e Hisae, que estavam planejando uma ida a um bar de karaokê na noite seguinte.
— Você deveria vir, Ilina. É a sua primeira vez no Japão, então tem de fazer papel de tola em karaokê. E podemos comer pizza antes.

Irina examinou as faces cautelosamente para se certificar de que não se tratava de uma piada que japoneses gostavam de pregar em estrangeiros deslumbrados. Não que pizza fosse um assunto com o qual brincasse. No entanto, estavam olhando para ela com tanta expectativa, então pegou o telefone e o entregou a elas. Ainda não havia descoberto como colocar os números das pessoas.

— Amanhã faço comercial de vodca, depois saímos! — concordou depressa, comemorando por dentro por não ter de ficar confinada no hotel outra vez. Depois lançou um olhar resignado a Javier, que estava esparramado no sofá. — Vamos, bonitinho, levo você para o hotel agora.

Javier era um bêbado muito amigável, feliz em se apoiar em Irina enquanto ela chamava um táxi verde e entregava ao motorista o papel com o endereço do hotel escrito. Não sabia onde Javier estava hospedado, então não teve escolha senão arrastá-lo para seu próprio quarto, percebendo que um menino bêbado a tiracolo significava que as reverências dos funcionários do hotel eram menos efusivas do que o normal.

Irina deixou Javier em uma cadeira com uma garrafa de água perto enquanto ela deitava e ouvia a respiração profunda e constante do menino até dormir.

Ele não estava mais lá quando ela acordou, apenas um bilhete no bloco do hotel no travesseiro ao lado dela. *Obrigado por cuidar de mim ontem à noite. Espero que a filmagem corra bem hoje (não banque a diva). Nos vemos em breve, J.* Irina respirou fazendo pouco caso, depois foi verificar se ele não tinha vomitado no banheiro.

Capítulo Dez

Apesar de as coisas terem ficado mesmo difíceis em alguns instantes, Irina se comportou como um anjo na filmagem da vodca. Talvez um anjo caído cujas asas foram cortadas na desmontagem, mas essencialmente um anjo.

Manteve a boca fechada quando recebeu um biquíni de pelos e um chapéu Cossack para que pudesse anunciar uma marca japonesa de vodca que alegava ser filtrada sobre gelo e importada diretamente da Sibéria.

Cerrou os dentes quando foi apresentada ao coadjuvante, um galã japonês envelhecido, de quem passou o dia desviando enquanto ele tentava colocar a mão na calcinha do biquíni dela.

Concentrou-se em uma praia tropical, apesar de estar posada com as mãos e os joelhos em um bloco de gelo, o que, na realidade, não era tão ruim quando se tinha vivido dezessete invernos russos. Mesmo assim, Irina agradecia quando um dos assistentes de câmera chegava a cada poucos minutos para aquecê-la com um secador de cabelo, de modo a se certificar de que ela não desenvolvesse hipotermia.

Mas a tarefa mais árdua era não verbalizar as opiniões sobre o gosto horrível da vodca quando a garrafa foi aberta cerimoniosamente para que pudessem brindar o sucesso da sessão. Irina tomou um gole e quase engasgou, pois tinha gosto de espuma de lagoa.

— Senholita Ilina, gosta? — a intérprete perguntou ansiosa, como se estivesse esperando um ataque sem precedentes.

Irina rezou silenciosamente um pedido de perdão e segurou o copo no alto.

— Tão boa quanto vodca russa — declarou, firme, porém secretamente, estapear a mão do ator, que novamente mirava seu bumbum.

Assim que Irina saiu do estúdio, teve de soltar uma longa onda de amargura que passou o dia acumulando. Desta vez não podia culpar ninguém por ficarem chocados com ela, afinal não era todo dia que viam uma russa absurdamente alta, azul de frio, disparando xingamentos.

De volta ao hotel, Irina examinou as roupas amassadas e tentou montar uma combinação adequada para pizza/karaokê. Todos os amigos de Javier pareciam descolados sem grandes esforços — os jeans funcionavam muito bem, e faziam coisas artísticas com acessórios; um broche de flor no quadril, chapéus tricotados e rabos de cavalo. Um dos meninos até prendeu a calça com um cinto de avião. Irina sabia que jamais entenderia a moda enquanto vivesse. Parecia um gigantesco desperdício de tempo e esforço.

Pegou um vestido preto apertado que ganhou de brinde, amarrou um de seus coletes por cima e calçou um par de tênis. Ela preferia os grandes, mas Candy disse sem rodeios que aqueles eram apenas para exercício. Irina não confiava em Candy, mas ela falava de moda com o ar de uma menina que realmente entendia do assunto. Era quase hora de encontrar Hisae e Maia no lobby do hotel, então Irina rapidamente amarrou os cabelos espessos em um coque e se olhou.

Ted a fizera ter uma aula com uma esteticista para que pudesse fazer a própria maquiagem antes de visitas, mas normalmente ficava parecendo o Bozo. O telefone começou a apitar enquanto passava um tubo de brilho labial e corria pela porta.

Estava preocupada que Hisae e Maia fossem dar uma olhada nela e perceber que a gentileza na noite anterior havia sido um grande erro. Entretanto, fizeram pequenas reverências e sorriram como se tudo estivesse bem. Irina esticou os lábios em retribuição e torceu para que a noite não se tornasse um longo silêncio desconfortável. Não costumava sair com outras meninas, mas se passasse mais uma noite sozinha no hotel... destruiria todos os objetos e acessórios de tanto tédio.

Hisae e Maia a levaram para uma pizzaria chamada Sharkey's, no distrito de Harajuku, de que Gwen Stefani vivia falando. Irina ficou espantada em ver alga e gengibre na receita de uma pizza, mas também faziam presunto e queijo, então ela não reclamou muito. Todo esse freio era exaustivo.

Quando a última fatia se foi e Irina estava lambendo os dedos, Hisae se levantou.

– Agora encontramos os meninos no karaokê.

Meninos? Ia ter meninos? Eram os mesmos meninos da noite anterior? Havia muitas perguntas se embaralhando pela cabeça de Irina, mas ela já estava sendo puxada pela porta, e toda vez que tentava perguntar exatamente quem iriam encontrar, tinha a atenção distraída por alguma coisa em uma vitrine, como um par de alisadores de nariz, ou uma exibição de doces que pareciam rins petrificados. Os japoneses eram loucos.

O karaokê provou isso de uma vez por todas. Irina estava esperando outro bar da moda com um palco, uma tela de TV e um microfone. O que encontrou foi um *prédio inteiro* de salas privativas de karaokê. Pegaram o elevador para o sétimo andar e mostraram a sala deles, inteiramente fechada com vidro, de forma que podiam olhar para o deslumbre e o brilho do Distrito de Shibuya's Center Gai.

A primeira coisa que Irina viu e ouviu foi Charlie gritando as palavras de *Crazy in Love*. Ele parecia um gato sendo engasgado. Irina tentou sair, mas Hisae a pegou pelo pulso.

– Vai ser divertido! – insistiu, mas um novo item se somou à já gigantesca lista de coisas que Irina não fazia; cantar em público era a terceira coisa.

Hisae e Maia já estavam ganindo por causa das próprias escolhas musicais, enquanto Irina se sentava e procurava por...

– Javier vai chegar atrasado – Bill disse a ela. – Ia fotografar em Osaka hoje; está voltando de trem-bala.

– Que seja – Irina deu de ombros, olhando curiosa para as caixas quadradas de madeira das quais as pessoas bebiam. – Acabaram os copos?

– Ainda não experimentou saquê?

Irina descobriu que gostava de saquê. Não tanto quanto de vodca, mas tinha um gosto doce cremoso que descia surpreendentemente bem. Parou depois de uma das caixinhas de madeira, que se chamavam *masus*, mas estava se sentindo estranhamente suave. Suave o suficiente para subir em um dos bancos para que pudesse pular enquanto gritava as palavras de *The Real Slim Shady*. Gritar não contava como canto.

Javier entrou exatamente quando ela saiu do compasso e cerrou os olhos para a tela da TV. Haviam censurado as palavras ofensivas, o que a confundiu totalmente.

– *He could be working as Burger King, spittin' on your onion rings...*

Irina puxou o vestido, que havia subido pelas coxas, e desejou que não tivesse escolhido a música mais longa do mundo. Conseguiu chegar ao final, e vieram muitos aplausos e um grupo fora do tom cantando o refrão, antes de ela sentar e entregar satisfeita o microfone.

Javier havia depositado uma bolsa pesada no canto e estava passando lentamente pelo grupo, então Irina conseguiu fingir que estava distraída quando ele chegou a ela e deu um rápido beijo em sua bochecha.

– Oi – ele disse acanhado. – Sobre ontem à noite...

– É nada – Irina assegurou fortemente. – Mas *yo*, você não tem cabeça para beber.

Irina assistiu interessada enquanto Javier ficava vermelho levemente sob o boné que estava usando. Meninos não deviam ficar vermelhos, o que era mais um ponto contra ele.

– Pegar um trem-bala de ressaca não foi divertido – compartilhou tristemente. – E o sushi no almoço foi uma péssima ideia.

Irina sentiu uma leve pontada de alguma coisa. Ele parecia tão lastimável.

– Então não tome o saquê – apontou, querendo ajudar. – É quase tão forte quanto vodca.

– Não fale em bebida – implorou, em seguida, estava se sentando ao lado dela, apesar de haver outros lugares mais confortáveis para sentar.

Saíram do karaokê algumas horas mais tarde, com um vago plano inebriado de irem para outro bar e beber ainda mais saquê, mas Javier balançou a mão com firmeza.

– Amanhã temos trabalho cedo – ele disse, puxando Irina para longe de Hisae e Maia. – Cedo sete da manhã. Vamos pegar um táxi para voltar agora.

Irina franziu o rosto. Não dizia sete da manhã no seu itinerário.

– Aaron queria começar cedo – Javier explicou ao colocá-la no táxi. – Disse que ia mandar uma mensagem para você.

O telefone de Irina vivia apitando e tocando, o que irritava bastante.

— Não sei direito onde fica o meu hotel — disse, pois havia perdido o papel amassado com o endereço.
— Não se preocupe, deixe comigo. Vou deixá-la primeiro. — Javier disse apressadamente, como se Irina precisasse de um lembrete de que ele não fazia o tipo dela. E mesmo que fizesse, caras como Javier não se interessavam por meninas com a aparência de Irina, mesmo que ela fosse modelo, por alguma combinação louca de critérios que ela ainda não entendia direito.

Mas então pensou em ficar sozinha naquele quarto de hotel minimalista e sem vida. E em como Javier ficou bonitinho com o rosto vermelho. Em como gostava de ouvi-lo dizendo seu nome.

— Pode vir comigo, se quiser? — ofereceu por acaso.

Javier ficou completamente sem reação e seu rosto parecia esculpido em mármore. Depois começou a mexer na alça da bolsa.

— Você é linda, Irina, mas estamos trabalhando juntos, e um relacionamento seria muito complicado.

— Quem falou relacionamento? Bebemos juntos, nós amigos, agora ficamos — explicou pacientemente, porque na cabeça dela tudo soava muito plausível. — Não tem nada de mais.

— Simples assim? — Javier soava desconfiado. — Dormirmos juntos não deveria ser uma coisa grande?

Ele era tão covarde. Na Rússia todos se emparelhavam no fim da noite. Irina sempre torcia para ficar com Sergei, mas ele sempre escolhia Lilya ou alguma outra garota risonha com cara de duende. Nunca Irina. Ela sempre tinha de esperar até que todos desaparecessem em esquinas escuras e se virar com o que sobrava, que geralmente era Vlad, que tinha acne, mau hálito e também nunca ficava tão satisfeiro assim com a situação.

— Não vou forçar você — disse entredentes, a rejeição deixando sua voz mais dura que o normal. — Não querer dormir comigo? Tudo bem, pior para você. — E só para mostrar o que ele estava perdendo, e porque estava doida para fazer isso desde o começo da noite, Irina se inclinou e o beijou.

Geralmente ela colocava a língua, porque meninos gostavam disso, mas Javier recuou e a boca dela foi parar na orelha dele. As mãos dele a agarraram pelo ombro, talvez para contê-la, mas Irina se viu sendo puxada mais para perto para que Javier pudesse beijá-la.

Irina nunca gostou muito de beijar. No entanto, os lábios de Javier se moviam suavemente, sem pressa, nos dela, e a deixavam com frio e calor ao mesmo tempo. Toda vez que tentava beijar do seu jeito, com muito fervor e língua, ele a distraía com alguma coisa engenhosa como passar os dedos pelo pescoço, ou beijar o nariz.

Quando o táxi parou na frente do hotel, Irina estava com as pernas bambas pelos beijos que tinham revirado suas entranhas.

Os beijos obviamente selaram o acordo, pois Javier a seguiu para o hotel sem mais desculpas tolas. Ele até tentou segurar as mãos dela enquanto esperavam pelo elevador, mas as palmas de Irina estavam suando, então ela o afastou.

Mas, assim que a porta do quarto do hotel se fechou atrás deles, ela se voltou para ele.

– Então tire as calças.

– Será que você poderia tentar ser um pouquinho mais romântica, Irina? – Javier sugeriu suavemente. – Vamos criar um clima aqui.

Pensou um pouco a respeito antes de tirar o colete e o vestido sobre a cabeça.

– Tudo bem, eu mostro o meu se você mostrar o seu.

Javier fez uma careta, mas estava desabotoando a camisa preta. Tinha um corpo mais bonito que o de Vlad, que era magro, mas com uma barriga de chope notável. Aliás, Javier não se comparava de forma alguma. Era como pedir para alguém apontar a diferença entre uma televisão e uma máquina de lavar.

Toda a pele dele tinha a mesma cor rica da madeira do armário da mãe, e ao tirar a camisa, ela podia ver os músculos dele ondulando. Não era como um fisiculturista, mas como as estátuas de santos que tinha visto em igrejas. Também parecia que teria mais jeito para briga do que ela havia julgado.

Irina percebeu que estava ali parada, olhando para Javier, quase boquiaberta. Como se não pudesse acreditar que havia convencido um cara tão bonito a entrar em seu quarto. Precisava agir com mais naturalidade, então tirou os sapatos e sentou-se na cama.

– Venha aqui agora! – ela ordenou, mexendo no cabelo de um jeito que esperava ser sedutor.

Mas Javier balançou um dedo em tom de reprovação para ela.

– Pare de ser tão mandona – ele sorriu. – Vocês meninas lindas pensam que podem comandar o espetáculo, mas se vamos fazer isso, então eu também posso apitar.

Era mais fácil com Vlad, que obedecia Irina, pois ela ameaçava acabar com ele se não o fizesse. E também não a alimentava com essa baboseira de ser linda.

Javier vinha na direção dela como um gato selvagem, o que fez Irina querer se encolher. Em vez disso, se forçou a recostar-se na cama como se não tivesse nenhuma preocupação.

– Ah, pare de ficar me encarando e me dê um beijo – ele provocou, antes de agarrar Irina tão inesperadamente que ela se ouviu soltando um gritinho como uma menininha.

– Que diabos você pensa que está fazendo?! – Irina rosnou quando Javier tentou colocar a mão em volta da cintura dela.

Tinham transado. Tinha sido legal. Na realidade, tinha sido melhor do que legal. Tinha sido doce e suave, e outras palavras que Irina jamais havia usado para sexo. Javier ficava perguntando se estava bem e dizendo que ela era sexy. Isso quando não a estava beijando. Ele a beijava tão profunda e frequentemente tantas vezes que ela perdeu a conta, e houve carícias no cabelo e até mãos dadas.

Então tinham transado. Agora era hora de ele sair da cama, vestir as roupas e sair. No entanto, Javier estava tentando *abraçá-la*. Qual era o problema dele?

Ele conseguiu resistir todas as tentativas de Irina de afastá-lo, e a envolveu firmemente nos braços.

— Não acaba só porque você já chegou ao clímax — ele sussurrou ao ouvido dela. — Agora relaxamos e curtimos a companhia um do outro. Fale sobre a Rússia.

Estava escuro e Javier beijava a parte sensível que dá arrepio entre as omoplatas de Irina, então ele não a viu revirando os olhos com desdém. Ao menos não havia pedido que ela falasse sobre sentimentos.

— O que quer saber sobre a Rússia? — perguntou de má vontade.

— Do que você sente falta?

Não sentia falta de nada. Absolutamente nada, mas Javier soltou um "tsc..." impaciente, e ela começou a falar hesitante.

Falou para ele sobre como todos achavam que os russos eram grosseiros, mas que era apenas com estranhos. Quando se tratava de família e amigos, faziam qualquer coisa por eles — bem, a não ser que fosse da família *dela* que estivessem falando. E isso a fez pensar na saudade que sentia de dividir a cama com Elisaveta, porque passavam horas conversando sobre o que fariam se ganhassem na loteria. Na saudade que sentia de tomar chá com cerejas pretas e dos blinis da mãe. Em como tudo parecia mágico quando nevava e as torres da Catedral de São Basílio pareciam saídas de um conto de fadas.

Irina passou o dedo na tatuagem tribal no braço de Javier.

– É tão frio no inverno que parece milhões de agulhas furando pele, como quando você fez isso, *ja*?

Javier tremeu contra ela.

– Não gosto de frio.

– Você cobre melhor que pode, mas o vento queima os olhos então nem sabe onde está indo. – Irina bocejou sonolenta. Não era frio aqui, aconchegada no peito de Javier, com a coberta em volta deles. – Mas acostuma, e minha mãe tem sopa no fogão sempre. Ou, se recebe dinheiro, tem chocolate quente com canela e gengibre, muita vodca também.

– Pensei que não sentisse falta da Rússia – Javier resmungou, e parecia estar quase dormindo também.

Irina não sentia falta, mas agora gostaria de estar lá para poder mostrar a Javier o Distrito de Arbat, com suas ruas de paralelepípedos e bancadas de souvenires, ou levá-lo à casa de banho, o que o faria chorar quando um dos funcionários o fizesse entrar na piscina gelada após a sauna.

– Não é tão ruim aqui – respondeu, logo antes de cair no sono.

Capítulo Onze

Javier deveria ter ido embora no dia seguinte quando ela acordasse, e não estar no telefone pedindo café da manhã. Ou dizendo para ela tomar banho, pois já estavam atrasados para começar a fotografar novamente as propagandas idiotas de cosmético.

E não era para ficar esperando por ela depois que acabaram a sessão, segurando a porta aberta para ela, e tentando carregar sua bolsa.

Irina podia ver Aaron olhando entretido para eles enquanto ela segurava firme a alça da bolsa.

– Seguro sozinha. Não preciso de ajuda! – insistiu. Não era assim que meninos bonitos deveriam agir. Não que Irina já tivesse encontrado muitos deles, mas sempre pensou que eles fossem como as meninas bonitas.

E meninas bonitas agiam como se não dessem a mínima para ninguém. O mundo estava aos seus pés, então tudo que tinham de fazer era continuar sendo decorativas. Talvez fosse ligeiramente diferente com meninos bonitos. E talvez as coisas tivessem mudado agora que tinham dormido juntos. Porque Javier ficou grudado em Irina, e só voltou ao hotel dele para pegar algumas roupas limpas.

Mas não duraria. E Irina era especialista em se virar com o que tinha. Encerraram a sessão de dois dias dos cosméticos com um jantar com Aaron e o estilista. Por sorte a tradutora havia saído, pois Irina não aguentava mais "senholita Ilina, senholita Ilina...".

Após uma estranha refeição que eles próprios deveriam cozinhar com panelas especiais que vinham até a mesa, ela e Javier voltaram para o hotel. Ele tentou segurar a mão dela outra vez, porém seria bem difícil se despedir sem ceder ao estranho impulso de fazer todas as coisas melosas que ela normalmente repudiava.

Mas, quando acordou na manhã seguinte, estavam com os dedos entrelaçados firmemente. Javier ainda dormia, então ela pôde passar o dedo na ponta do nariz dele enquanto e esforçava para não olhar as malas feitas perto da porta.

Javier roncava suavemente, o que não deveria ser tão bonitinho, enquanto ela guardava a escova de dentes molhada em um compartimento lateral e verificava o bolso para se certificar de que o passaporte não havia desaparecido durante a noite.

O carro chegaria a qualquer instante e não havia tempo para gentilezas ou para fingir que isso era mais do que era.

– Ei, bonitinho, estou indo – disse em voz alta, com uma mão já na maçaneta enquanto Javier se mexia lentamente. – Nos vemos por aí.

Javier sentou-se e esfregou o sono dos olhos antes de se esticar cansado, e o lençol escorregou, permitindo que Irina desse uma última olhada nos músculos da barriga lindamente definida. De repente, tinha ficado quente no quarto.

– Ligo para você – Javier resmungou vagamente, já caindo de volta nos travesseiros. – Se for para Londres.

"Pelo menos fingiu que queria vê-la novamente", pensou Irina ao fechar a porta silenciosamente para não acordá-lo outra vez.

Estava fazendo o *check-in* no aeroporto quando o telefone tocou. Era improvável, mas talvez fosse Javier dizendo que havia repensado na coisa de não-se-envolver-com-modelos e que já estava desolado sem ela. Irina se permitiu um sorrisinho secreto ao retirar o telefone da bolsa.

Era Ted.

– Querida, graças a Deus, consegui achá-la a tempo. Mudança de planos. Você precisa ficar mais alguns dias. Foi requisitada para a *ELLE Nippon* e para um desfile. Ainda está com a bagagem?

– Sim, mas não é possível, eu...

– Apenas pegue-a e vá de táxi de volta para a agência. Cancelaram sua passagem e vão tentar reservar novamente o hotel.

Irina já estava puxando a mala para fora da fila.

– Não o mesmo hotel – declarou rapidamente, imaginando Javier ainda lá, todo bronzeado e adorável nos lençóis brancos e o olhar espantado no rosto quando ela ressurgisse repentinamente, como se não pudesse viver sem ele. – Outro hotel, mas que faça *cheeseburgers* no cardápio do serviço de quarto.

– Bem, vai receber 10.000 libras para atravessar uma passarela, então acho que consigo mudar o hotel – disse Ted. Estava com um bom humor fora do comum. – Depois volta a Londres por tempo suficiente para lavar um pouco de roupa antes de ir para Nova York.

– Nova York? – Irina suspirou incrédula, todos os pensamentos evitando Javier e o inevitável discurso do "foi bom enquanto durou" voando para longe de sua mente.

– É, cidade pequena, grande estilo. Você vai amar, querida, e já foi escolhida pela *Harper's Bazaar* para uma matéria de beleza.

Era demais para absorver.

– Mas...

– Tenho de ir, Irina, minha outra linha está apitando. Falamos mais tarde sobre o faniquito na sessão de cosméticos no primeiro dia. Ciao!

Capítulo Doze

Provavelmente foi no instante em que o cara de aparência espertalhona tentou convencê-la de que seu carro dilapidado era um táxi oficial e que uma corrida de cem dólares em Manhattan era uma barganha que Irina se sentiu em casa. Podia respeitar completamente um cara com a visão de arranjar um troco rápido em cima de uma turista desavisada. Ela mesma já havia feito isso.

Mas se apaixonou perdidamente de fato quando finalmente se viu em um táxi nova-iorquino oficial cruzando o Rio Hudson e viu a cidade ali na sua frente, uma expansão urbana brilhante de arranha-céus toda acesa como uma árvore de Natal. O táxi a deixou em um hotel com vista para o Central Park e, em seguida, ela estava em uma calçada legítima de Nova York, respirando ar quente e pesado que se prendeu atrás de sua garganta, olhos desviando para um lado e para o outro porque não queria perder nada.

Candy havia dito que Nova York era minúscula. Ficava falando em villages, East Village, Greenwich Village, O Village, deixando Irina com uma impressão de casinhas ao redor de uma lagoa de patos, mas na verdade era exatamente como na TV.

Os prédios se esticavam para o céu e as ruas eram tão longas que era possível olhar uma rodovia e vê-la desaparecendo ao longe, mas nunca acabando. Irina não se cansava do vapor se erguendo das tampas dos bueiros ou de como as estações de metrô liberavam o mesmo odor. E estava quente: um calor úmido e abafado, então assim que Irina saía do hotel com ar-condicionado e pisava na calçada, começava a pingar de suor. Contudo, se Nova York era quente e cheirava mal, era sobretudo barulhenta: em cada esquina as pessoas gritavam, música pulsava, buzinas soavam. E nova-iorquinos eram tão grosseiros quanto os russos. No primeiro dia parou de repente ao consultar o mapa e um homem gritou na cara dela:

— Vá se ferrar! Saia do meu caminho!

Se conseguisse vencer aqui – podia vencer em qualquer lugar.

Mas primeiro precisava convencer Erin, a agente sênior do quadro de mulheres da Fierce de Nova York, que mal olhou para ela, simplesmente colocou um biquíni em suas mãos e disse para se trocar. *Quanto mais se muda, mais fica igual,* porcaria.

Quando Ted apareceu, Erin estava criticando Irina como ela jamais havia sido criticada antes, e não parecia que ia parar tão cedo.

— Tem uma mandíbula muito forte, e precisa de um pouco de definição no cabelo. É tão liso e marrom e sem graça – reclamou. – E tem saliências estranhas nos ossos dos quadris, isso vai ser um problema para traje de banho. Além disso, sua postura é lamentável, por que vocês altas se curvam tanto? Você é alta, aceite... Ah, oi, Ted, trouxe chocolate britânico para mim?

— O que achou da minha indicação? – perguntou Ted, acenando para Irina. – Viu o espaço entre os dentes dela? Totalmente "Madonna em início de carreira".

Erin franziu o rosto.

— A cabeça dela é quase assustadoramente grande para o corpo.

Irina havia se acostumado com pessoas falando a seu respeito como se não estivesse presente, mas não podia evitar que seus olhos brilhassem irritados.

— E o andar dela é incrível – disse Ted, cutucando Irina nas costelas. – Dá uma voltinha para nós, querida.

Fashionistas | Irina

Irina fez, pela agência, sua caminhada usual de quando roubava lojas e voltou para a dupla de agentes.

– Podia cumprimentar – provocou Ted, acenando a mão diante do rosto dele. – E acha que eu não tenho modos. *Pffft!* Tudo bem, cara.

Erin pareceu empolgada pela primeira vez.

– Que atitude que ela tem! – exclamou, batendo as mãos entusiasmada. – E aquele andar, tão másculo, mas um pouco feminino também. Definitivamente devemos arrumar alguns desfiles grandes no Bryant Park na Semana de Moda e não nos preocuparmos com designers pequenos.

Ted e Erin não paravam de falar nem para respirar, e Irina torceu o corpo irritada, pois só havia comido uma barra de Hershey's no café da manhã. Chocolate americano era péssimo, mas eles tinham outras coisas comestíveis que compensavam. Irina nunca achou que pudesse gostar de uma comida tanto quanto de uma pizza de quatro queijos, mas isso foi até descobrir comida de lanchonete americana, que consistia de bacon tão crocante que podia estalar entre os dedos, bolinhos fritos de batata e panquecas grossas e fofas que gostava de encher de calda. Sua barriga roncou, mas Ted não percebeu, apesar de ter prometido que a levaria a um brunch antes de fazerem visitas. Visitas. Não visitações. Irina aprendeu do jeito mais difícil, depois que Laura passou quinze minutos rindo. Que seja, a vaca com cara de massa ainda não havia agendado nada.

– O Marc sempre adora as meninas afiadas, apesar de tentar empurrar roupas da última estação em vez de pagá-las. Contudo, é um trabalho *high-profile* – ele dizia, e Irina olhou em volta da sala para ver as outras meninas. Foi quando viu Javier falando com uma das outras agentes, gesticulando de forma extravagante.

Os olhos de Irina o encararam famintos. O rosto de Javier estava de perfil, então ela pôde admirar a estrutura óssea, que era quase tão exótica quanto a dela. E ele sorriu daquele jeito, um pouco torto, um pouco de lado, quando ela contou que seus irmãos e irmãs eram irritantes, mas mesmo assim sentia um pouco de saudade. Aliás, ele foi a única pessoa que a tratou como uma menina normal, e não como aberração bonita ou uma aberração feia, desde que deixou a Rússia. De qualquer forma, a maioria das pessoas a tratava como uma aberração. E Javier não. E era agradável olhar para ele, e ele beijava como as pessoas beijavam nos filmes. Meu Deus, ela realmente não queria estar de biquíni com as protuberâncias estranhas nos ossos dos quadris aparecendo.

– Me troco agora – anunciou. – Depois vamos a brunch antes de morrer de fome. Por favor – acrescentou como se tivesse lhe ocorrido depois, pois queria Ted de bom humor para que ele se esquecesse que tinha marcado uma discussão sobre o faniquito em Tóquio.

Não pediu licença, mas com um olho em Javier, que agora estava folheando um portfólio, Irina foi para a beira da sala, em seguida, foi para o banheiro.

– Normalmente peço bacon como acompanhamento – disse para Ted enquanto esperavam pelo elevador. – Uma vez veio em um omelete, mas tinha gosto horrível. E uma vez pedi fritas caseiras, mas não eram batatas fritas adequadas.

– Meu Deus, Irina, você come alguma coisa que tenha legumes?

– Não, realmente não come – disse uma voz suave atrás deles. – Tentei fazer com que comesse alga em Tóquio e ela me socou.

Irina virou para ver Javier ali atrás parecendo algo recém-saído de uma propaganda da Tommy Hilfiger com sua camiseta branca lisa e jeans escuros.

Fashionistas | Irina

– Oh, oi – disse, fingindo surpresa. – E aí, vadia?

– Querida, não chamamos o assistente de Aaron Murray de vadia – disse Ted, esticando a mão. – Javier, bom vê-lo novamente.

Claro que Ted e Javier seriam amigáveis. A qualquer instante ele convidaria Javier para o brunch e Irina teria de ficar sentada se contorcendo.

– Irina aprendeu parte do inglês que sabe com músicas de rap – explicou Javier. – Tudo bem. Quando eu estava aprendendo inglês, assistia a *Vila Sésamo* o tempo todo.

O elevador chegou e os três entraram.

– Como tem passado? – Irina se ouviu perguntando, o que era uma tolice, pois normalmente jamais perguntaria isso, ou se interessaria pela resposta.

– Bem. Acabei de ter minha primeira sessão publicada na *Nylon* – disse Javier. – Há quanto tempo está em Nova York? Devia ter ligado.

É, poderia ter ligado e Javier teria achado que ela era uma perseguidora grudenta. Além disso, Irina havia destruído o primeiro telefone em um acesso de raiva depois de uma briga com Candy e perdeu todos os contatos.

– Estou muito ocupada – disse de improviso. – Mas talvez possa sair se tiver tempo livre.

– Tem um festival de cinema em Williamsburg, se estiver aqui até o fim da semana – Javier disse, tão casualmente quanto ela.

Ted observou satisfeito enquanto Irina e Javier trocavam figurinhas.

– Acho que aquele jovem está gamado em você – falou, enquanto observavam Javier caminhando pela rua. – Já é hora de arrumar um namorado.

Irina começou a puxar Ted na direção da lanchonete que tinha visto no caminho.

— Meninos não gostam de mim assim — fez uma careta, pois, em seguida, estaria falando de sentimentos. Estes idiotas da moda estavam começando a contagiá-la. — Eles não quer entrar nas minhas calças.

— Tenho de achar que não. Você precisa deixar que eles a tratem como uma dama. A levem para jantar, comprem presentes. Claro, em troca precisa ser charmosa, que sei que é um pouco difícil para você.

— Charme não é comigo! — Irina insistiu teimosa. — Charme é para fracos.

— Por que você não me ligou? — Irina sibilou para Javier assim que ele atendeu ao telefone. Não estava planejando, mas não passava nada na MTV além de uma maratona de *Real World* que já tinha visto, e quanto mais pensava em Javier, mais se irritava, até que se viu ligando para ele como se seus dedos agissem por conta própria.

— Ah, oi, Irina. Tive um trabalho — Javier disse com preguiça e com a voz abafada. — Espere... — ela esperou, soltando fogo pelas ventas silenciosamente. Parecia que Javier estava no meio de uma estação de trem. Mas sua voz voltou, mais afiada e clara. — Só estou revelando algumas fotos. Então, e aí?

— Nada. — E não é que era verdade? Irina chutou as próprias pernas irritadas e ouviu o lençol rasgar embaixo de si. Era óbvia a razão pela qual estava ligando, mas ele estava determinado a fazê-la dizer. — Tenho jantar com Ted amanhã, mas depois vamos à boate?

Javier suspirou tão forte que Irina podia jurar que estava sentindo o ar pelo telefone.

— Quer sair para dançar?

— Não danço — disse rapidamente.

— Também não cantava em público, mas tenho sua performance no karaokê gravada no meu telefone — destacou Javier enquanto Irina fazia uma anotação mental de que deveria encontrar e destruir. — Tudo bem, a gente sai. Vou ensiná-la o samba.

Irina imaginou a própria cabeça no corpo de uma girafa enquanto Javier tentava conduzi-la por passos rápidos.

— Talvez — restringiu-se. — Você me pega em Balthazar às dez, *ja*?

Apesar de Javier não soar muito feliz em ser tão afirmativo, Irina o fez repetir as instruções, até estar satisfeita o suficiente para desligar.

Capítulo Treze

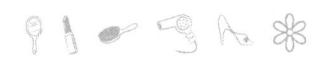

A pilha "não" no chão do quarto de hotel só crescia. Irina não gostava de tons pastel. Ou de babados. Ou de folhos. Ou de nada com estampa floral. Tinham os jeans novos que havia comprado, mas Erin deu uma olhada nos cristais costurados e declarou que eram tão retrógrados que estava ficando com enxaqueca. No fim, tudo que restou foi um vestido verde-escuro que mostrava muita perna. Tudo bem por ela. Preferia que as pessoas olhassem para suas pernas do que para qualquer outro lugar, e as bolhas nos pés de ter passado a semana tropeçando em saltos facilitou a decisão de usar tênis. O truque que aprendeu com a moda foi que, se usasse as roupas com atitude, as pessoas automaticamente a achavam legal. O povo da moda era tão idiota.

– Querida, está arrasando hoje – Ted entoou quando ela chegou ao restaurante. – Muito "Zac Posen".

Ted sempre utilizava nomes de designers como adjetivos. Irina sentou-se, antes que ele pudesse beijar o ar sobre suas bochechas, e caiu de boca na cesta de pães.

– Por que a mesa está posta para três – perguntou desconfiada. – Tenho de ser educada a noite inteira?

– Eventualmente, ser educada será parte de sua programação original – Ted respondeu esperançoso. – E tem uma pessoa louca para encontrá-la que estará aqui em breve.

Não chegou em breve. Depois que Irina gastou todos os seus tópicos de conversa, a maioria sobre cantores de rap cujos clipes gostaria de participar, teve de forçar Ted a pedir comida. O relógio se aproximava das oito, Javier chegaria às dez, se ele soubesse o que era bom para ele, e ela não iria dançar de estômago vazio de jeito nenhum. Também estava tentando ignorar o brilho determinado no olho do agente. Fazia-a lembrar da mãe e de conversas que começavam com as palavras "precisamos conversar", que nunca acabavam bem.

– Então... – Ted começou. – Tenho ouvido boas coisas a seu respeito na agência japonesa.

Irina sorriu serenamente. Fora o faniquito provocado pelo senhor Yakamoto-san, havia se comportado da melhor forma possível no resto do tempo. O esforço quase a matou.

– Também tive uma conversa interessante com o fotógrafo, Aaron – Ted acrescentou casualmente, e não soava mais como o Ted amigável e paternal. Não com gelo cobrindo cada sílaba. – Se eu voltar a ouvir de outro faniquito assim, você volta tão depressa para a Rússia que vai pulando até lá.

Irina gostaria que alguém inventasse uma ameaça nova, pois esta já estava ficando velha.

– Tinha fuso horário confuso e pedi desculpa – disse em tom ofendida, pois havia se desculpado mesmo, e Aaron era um porco por revelar histórias sobre ela. – Só acontece aquela vez!

– Não deveria ter acontecido! – Ted insistiu, sem dó.

– Estou tentando – Irina disse amuada, e pela segunda vez contemplou a possibilidade de mandá-lo enfiar a moda no...

– Aaron também disse que você se deu *muito* bem com Javier – Ted continuou em um tom mais suave, inclinando-se ansioso para a frente. – Sabia que havia acontecido alguma coisa entre vocês dois. Conte ao Tio Teddy, querida.

Onde estava o convidado misterioso? Irina estremeceu de irritação.

– Quando ganho uma campanha de moda grande de verdade? – perguntou bruscamente, mais para mudar de assunto do que por qualquer outra razão. – Porque a agência japonesa diz que é lá que está o dinheiro grande. Tipo, milhões!

– Se você for simpática com os clientes e eles decidirem colocá-la nas passarelas para a Semana da Moda, então o próximo passo é ser considerada para as campanhas.

Irina assentiu. Fazia sentido. Ela seria tão simpática que eles iam implorar para tê-la em seus desfiles.

– Aquela vaca Oksana, do apartamento em Archway, está cogitada para campanhas? Tem cara de cavalo a caminho do abatedouro.

Ted cuspiu água gelada sobre a mesa.

– Não pode dizer isso.

– Mas disse.

– E não posso discutir compromissos de outra modelo com você – ele disse, afetadamente. – Mas quando formos a Milão, vou levá-la para conhecer os caras da House of Augustine, que estão lançando sua primeira fragrância. Mas, sinceramente? Estão procurando uma garota muito feminina.

Irina fez beicinho desdenhoso, como Laura fazia quando estava triste, coisa que ocorria em 99% do tempo, e estufou o peito.

– Viu? Sei ser feminina também – brincou, e fez Ted sorrir. Ele ainda não sabia quando ela estava brincando. – Não é problema. Quando encontrar, vou arrasar. Sempre reclama para mim, Ted, mas quando se fala em um milhão, sou qualquer coisa que queiram que eu seja.

Ted parecia querer discutir o ponto, mas simplesmente pegou o garfo e começou a cutucar a omelete de clara. A outra cadeira continuava vazia, apesar de Irina já estar convencida de que o convidado misterioso não apareceria. Entretanto, exatamente quando o bife com batatas fritas chegou, Irina levantou os olhos do prato cheio para o rosto da pessoa mais linda que já tinha visto na vida.

— Ursinho! — a visão disse com sotaque do West End de Londres. — Desculpe o atraso, mas o trânsito estava um caos.

Ted se levantou para que pudesse cumprimentá-la melhor.

— Caroline, que bom que veio. Esta é Irina. Irina, esta é Caroline. Trabalhávamos na mesma agência. Eu era um agente assistente e ela estava no quadro de Novas Caras quando nos conhecemos.

— Depois fiquei muito famosa e abandonei o barco — cacarejou Caroline. Irina havia acabado de colocar um punhado de batatas na boca, então acenou e resmungou um cumprimento enquanto seus olhos examinavam a moça. Ela não tinha cabelo. Tinha um lençol amarelo-dourado escorrendo pelas costas. Era alta e suas feições, os olhos azuis grandes, a boca generosamente curvada com o nariz empinado, eram tão perfeitamente proporcionais que tudo que Irina queria fazer era encarar e encarar. E depois encarar um pouco mais.

E podia ser uma menina ignorante do lado errado da cidade — podia *personificar* o lado errado da cidade — mas Irina ainda assim reconhecia uma supermodelo quando se sentava graciosamente na cadeira ao lado da sua e casualmente balançava o cabelo de modo que ondulava à luz da vela.

— Vi algumas das suas fotos de teste! — Caroline disse alegremente a Irina. — E Steven Meisel estava empolgadíssimo a seu respeito quando o encontrei em Milão.

— Vejo você no Canal da Moda... — murmurou Irina. Caroline tinha um daqueles andares pavoneados como um pônei adestrado. Ted a chutou sob a mesa. — Também sua campanha Versace, você estava muito linda.

Caroline irradiou alegria. Apesar de provavelmente saber que estava linda. Provavelmente ficava linda até com gripe. Se fosse atropelada por um ônibus e estivesse com o rosto ensanguentado, com um dos braços pendurados, ainda assim estaria linda.

Irina devorou a carne, com um olho ainda no relógio, enquanto Caroline e Ted trocavam fofocas de moda sobre pessoas que Irina não conhecia.

– ... precisa se empenhar em melhorar o comportamento – ouviu Ted dizer. – E precisa aprender a se olhar no espelho e perceber que é deslumbrante.

Os dois a encaravam. Irina passou a mão na boca para se certificar de que não havia *ketchup*.

– O que foi? – perguntou defensivamente. – Parem de me olhar.

– Entendeu o que estou dizendo? – Ted suspirou e Caroline se esticou para afagar a mão com juntas brancas de Irina.

– Espero que não fique assim com clientes – disse. – E precisa animar mais esse rostinho.

– Não tenho cara de quem faz as pessoas chorarem! – Irina protestou sem entusiasmo. O que não era exatamente verdade. Havia conseguido extrair algumas lágrimas de Laura quando comeu seu último muffin de chocolate, mas Laura chorava até se o vento mudasse.

– Tipo, quando estiver em uma sessão, tem de sorrir e puxar o saco das pessoas – aconselhou Caroline. – Não importa se o fotógrafo é um chato, se está com o fuso atrapalhado, ou se está se sentindo um lixo. Teddy está aqui se você precisar descarregar em alguém.

Teddy não parecia muito animado com a ideia de ser o saco de pancadas de Irina, mas assentia lentamente.

– E não importa se fotografa bem ou se seu andar é bom, tendo reputação de diva, ninguém vai agendá-la – prosseguiu

Caroline. – Eu era uma garota que tinha boca grande de Hackney, mas logo aprendi a lição depois que perdi alguns trabalhos por ter sido franca demais com as pessoas erradas.

Parecia que esperavam Irina dizer alguma coisa. Entendia o que estavam falando, entendia mesmo, mas havia passado quase dezoito anos ouvindo que parecia uma aberração. Quase dezoito anos evitando espelhos. Quase dezoito anos desejando ser bonita de um jeito que todo mundo entendesse, e não apenas os loucos que habitavam o Planeta Moda. Não dava para simplesmente se livrar disso, da noite para o dia. No entanto, o ponteiro grande do relógio estava chegando ao doze, então esticou a boca em uma vaga aproximação de um sorriso.

– Tudo bem, tento melhor.

– Essa é a minha garota – Ted sorriu. – E Irina, você precisa perder sua insegurança. Essa incerteza aparece em seu rosto quando está sendo fotografada, e não vai mais funcionar por muito tempo. Precisa olhar confiante para a câmera, não como se estivesse com vontade de destruí-la. – Ele se levantou. – Já volto, meninas.

Ainda tinha algumas batatas fritas no prato que Irina encheu de *ketchup*. Caroline estalou os dedos para um garçom que estava babando por ela e pediu uma taça de vinho assim que Ted deixou o alcance auditivo. Em seguida, voltou-se para Irina com um sorriso malicioso. E em um segundo sua beleza desapareceu.

– Amo Teddy até a morte, mas ele é um babaca! – ronronou. – Sempre quer que eu banque a irmã mais velha para suas novas meninas.

Ao menos era honesta; Irina respeitava isso.

– Não preciso de irmã mais velha.

– Ótimo, pois eu que não serei. Encare os fatos, querida! O look leste europeu vai sumir em alguns meses e então você vai mendigar trabalhos em catálogos. Não tem nem os peitos para ser glamorosa – desdenhou Caroline.

– Sabia que era uma vaca – Irina sorriu, se curtindo pela primeira vez. Podia ser nova no mundo da moda e nas regras sem sentido, mas quando se tratava de encarar uma vadia metida, era escolada. – Você sabe que é linda, então por que desperdiça energia me ofendendo?

Isso a calou. Caroline cerrou os olhos, mas a testa não se mexeu, e Irina já tinha visto TV o suficiente com Hadley para saber o que isso significava.

– Não tenho peitos grandes, mas pelo menos não preciso de Botox.

Quase esperava ver o vinho de Caroline jogado em seu rosto, mas, em vez disso, foi tomado em um gole irritado.

– Aquela história de ser gentil com os outros? Mentira – Caroline confessou com um sorriso brilhante. – Sou a maior vaca que já teve o azar de conhecer! E é melhor ficar longe do meu caminho se souber o que é bom para você.

E Irina não precisava de uma campanha para se sentir linda. Ter uma supermodelo declarando guerra a ela estava fazendo com que se sentisse bem bonita no momento. Caroline devia estar se sentindo ameaçada se estava se empenhando tanto em destacar como Irina não valia nada.

– Acho que não nos encontraremos outra vez – declarou. – Estou subindo, e você descendo. – Ted estava costurando o caminho pelas mesas. – É um prazer conhecê-la, Caroline – entoou quando Ted chegou. – Obrigada por todos os conselhos. Foi muita coisa para pensar.

– De nada – Caroline disse, seca, e Irina sabia que ela não ia dizer nada a Ted. Não queria que ele pensasse que ela fosse qualquer coisa além de Princesa Perfeita.

— Sabia que iam se dar bem — Ted disse presunçosamente. E era um bom agente, e Irina sabia que ele faria o possível para torná-la famosa, mas Caroline tinha uma certa razão. Era um babaca também! Via beleza em tudo, mas não conseguia enxergar a feiura sob a superfície. Talvez por isso o tenha abraçado ferozmente, o que o fez enrijecer nos braços antes de apertar Irina. Olhou sobre o ombro de Ted e viu Javier na entrada. Irina se soltou.

— Tenho de ir agora. Solte!

Capítulo Catorze

Javier lançou um sorriso cansado a Irina enquanto ela foi em direção a ele. Havia puxado o cabelo em um pequeno rabo, então ela podia ver as emoções em seu rosto como uma demonstração de slides. Alívio, cautela e até algo efêmero como se estivesse feliz em vê-la.

Ao chegar perto o suficiente para poder tocá-lo, ele pegou sua mão.

– Vamos.

Irina se deixou ser puxada para que Caroline e Ted pensassem que Javier estava ansioso para ficar sozinho com ela, mas assim que saíram, ele a soltou e estremeceu com repulsão.

– Aquela era Caroline Knight? – não esperou a confirmação de Irina. – *Detesto* ela! É o mais próximo que já cheguei do mal em essência.

Ao menos Irina não era a única que achava isso.

– Ela me dá dica de modelo.

– O que quer que tenha dito, faça o contrário – aconselhou Javier, pegando novamente sua mão enquanto atravessavam a Broadway. – Fiz uma sessão com ela quando era modelo, o que foi ruim o bastante. Ela tentar transar com todos os modelos, mas quando fiz uma sessão como assistente, me tratou como lixo.

– Ela diz que acabo em alguns meses – disse Irina, e se não soava incomodada, era porque não estava.

— Isso não é verdade! – Javier explodiu outra vez. Não sabia que ele podia ser tão emocional. Devia ser exaustivo para ele. – O visual dela é tão sem graça. Tem sempre uma loura linda que vence em um bando de modelos, mas você tem uma coisa única. É uma em um milhão, aposto que ela não consegue suportar isso.

O rosto de Irina aqueceu; não tinha nada a ver com a umidade, e sim com o elogio de Javier. Não o que disse, mas como disse, como se sua singularidade fosse um simples fato inegável.

— Ela se irrita quando disse no final que podia ver o Botox.

— Sério? Você disse isso?

— Acha que não tenho coragem para dizer? – Irina declarou altivamente. – E ela começou. Eu acabo.

Javier e Irina eram para ser amigos que com sorte ficariam em algum momento da noite, mas ele a beijou naquele instante mesmo no meio da Thompson Street, enquanto as multidões noturnas esbarravam neles. Suas mãos seguraram gentilmente o rosto de Irina, mesmo enquanto sua boca beijava com firmeza a dela.

— Nunca conheci uma garota como você – disse rouco, quando pararam para respirar. – Você é tão... tão... Não há nada de falso em você. Espero que não mude.

Irina abaixou a cabeça e olhou para os tênis sujos.

— Não fique sentimental comigo – resmungou. – Não é másculo.

Por alguns segundos, Javier parecia querer retirar o que havia acabado de dizer sobre Irina não mudar e agendar um curso intensivo na escola de boas maneiras mais próxima. Mas depois seu sorriso preguiçoso voltou.

— Vou ensiná-la a dançar – disse. – E se chorar quando os pés começarem a sangrar, bônus.

Os pés de Irina não sangraram, e ela ficou agradecida. Parecia que já sabiam dançar, apesar de o resto do seu corpo ter alguns problemas com todos os giros que Javier insistia em fazer. Estava quente e grudento naquele buraco em que ele insistiu em levá-la no Lower East Side e o rosto dele brilhava com o esforço, a língua aparecendo no canto da boca enquanto se concentrava em conduzi-la por alguns passos simples.

Irina não conseguiu conter o sorriso no rosto quando as batidas da música aceleraram e o trompetista saltou do palco para poder passar pelos dançarinos.

E foi ainda mais divertido quando a música desacelerou e a multidão na pista se tornou uma massa e ela e Javier não tiveram escolha que não se abraçarem e dançarem de um jeito que durou até chegarem ao hotel.

Parecia que havia passado a noite inteira nos braços de Javier – do instante em que pisaram na pista de dança até o momento em que acordou, com o despertador a afastando dos sonhos.

– Então, quer ir ao festival de cinema hoje à noite? – Javier sussurrou ao seu ouvido enquanto Irina tentava persuadir os olhos a abrir.

– Nem saio da cama ainda – Irina bocejou e rolou de lado. – Peço café da manhã, *ja*? Fazem muffins ótimos...

– Não quero muffins – Javier bocejou. – Só quero saber se vamos sair mais tarde. – Ele coçou a cabeça pensativo. – E vou estar em Londres no fim do mês também.

– Tudo bem – disse Irina, como se não desse a mínima, de um jeito ou de outro. Mas, por dentro, estava dando socos de triunfo no ar pela insistência rouca de Javier em vê-la mais. Talvez pudessem ser amigos que ficassem em cidades diferentes do mundo? Podia conviver bem com isso. – Mas digo agora, as meninas que moram comigo são idiotas. Só para saber.

Foi poupada de ter de entrar em mais detalhes pelo toque frenético do telefone.

— Mudança de planos — latiu Ted quando ela atendeu. — Mande buscarem as malas, você está indo para Milão fazer uma sessão com a *Vogue Italia* e vou levá-la para ver Donatella, Giorgio, Miuccia e Zilli e Costello enquanto estiver lá.

Irina percebeu que isso era algo grande, mas tudo que realmente queria era ficar na cama e passar os dedos em cada centímetro que pudesse alcançar da pele bronzeada de Javier.

— Mas tenho visitas — lembrou a Ted melancolicamente. — E vou fazer sessão para *Radar*.

— Remarcamos! — irritou-se Ted. — Este é o momento, garotinha. *Vogue Italia*, caramba!, e a chance de protagonizar uma campanha para Zilli e Costello que a colocará no topo. — Pausou para recobrar o fôlego. — E se tentar pensar em agir como diva... — deixou a frase pairar ameaçadoramente no ar para que Irina pudesse pensar bem nas palavras sobre ser mandada de volta para a antiga União Soviética sem a menor cerimônia.

— Nunca mais dou faniquito! — disse a Ted em voz alta, para que Javier pudesse escutar cada palavra e sorrir em aprovação. — Vou trabalhar duro e ser simpática com as pessoas, mesmo sendo idiotas. Prometo!

Capítulo Quinze

Seis meses depois

— Tire esta porcaria do meu rosto e comece outra vez! — Irina gritou com a maquiadora. — Por que usa base amarela que me deixa pálida?

— Mas, Irina, querida, precisamos começar a filmar agora antes que estouremos o tempo — disse o fotógrafo atrás dela. — Você está maravilhosa. Ela não está maravilhosa?

O pequeno grupo de pessoas ansiosas se reuniu e concordou vigorosamente, enquanto Irina se empoleirava em um banco e os olhava no espelho.

— Estou péssima! — insistiu. — E não tiro minha foto quando estou péssima. — A maquiadora continuava não se movendo. Então Irina pegou o pote de creme. — Você tira ou eu tiro. Sua escolha.

Irina não conseguia lembrar quando fora a última vez em que tivera um dia de folga. Trabalhava todos os dias. Às vezes, duas sessões no mesmo dia. Até finais de semana. Mal tinha tempo para comer, dormir ou fazer seu intenso tratamento de pele. Hoje de manhã acordou após cinco horas de sono, pois havia fotografado até tarde na noite anterior. Toda a água quente tinha sido gasta, e o café da manhã tinha sido algumas Pop Tarts velhas. Quem poderia culpá-la pelo mau humor?

Mas neste momento, Irina tinha de aceitar todos os trabalhos que podia, pois o fim de sua carreira brilhante estava tão próximo que podia sentir o gosto. E era tudo culpa de Laura.

Só de pensar em Laura, Irina sibilou alto o suficiente para a maquiadora dar um passo para trás assustada. Laura! Aquela vaca gorda e sem talento! Não bastava ter roubado a campanha da Siren bem debaixo do nariz de Irina com seu jeito puxa-saco. Não, tinha de trazer de volta as curvas, e toda revista que Irina pegava tinha a cara inchada de Laura estampada nas páginas. E também tinha um contrato de cosméticos E agora estava perto de conseguir uma campanha impressa e televisionada de chocolate. Não era justo.

Irina tinha dado um duro danado para conseguir o contrato da Siren; teve aulas de elocução, assolou a concorrência – até fez uma menina em Milão cair da passarela só de lançar um olhar vil. Meses de trabalho em direção a um objetivo e Laura apareceu no último instante e tirou aquilo dela. Porque Laura era *bonita* de um jeito clássico que não precisava de palavras como "afiada", ou "notável", ou "selvagem" para descrever. Garotas como Laura sempre conseguiam o que queriam com mínimo esforço, mas era tão injusto, que Irina pegou de repente o iPod e jogou na parede enquanto a maquiadora chiava em choque. Era o quinto que destruía em um mês.

Laura estava subindo e Irina estava presa exatamente no mesmo lugar em que estivera há seis meses. Laura estava ditando as tendências e sendo chamada de porcaria de supermodelo, enquanto Irina era apenas mais uma modelo atuante trabalhando diariamente por míseras 5.000 libras por editorial. Tudo bem, Irina havia conseguido duas grandes campanhas: bolsas Dior e óculos Versace, enquanto Viktor e Rolf estavam empolgados em tê-la à frente da campanha de outono. E o senhor

Yakamoto-san gostou tanto dela que fechou um contrato de dois anos para que ela não pudesse fazer campanhas de cosméticos para nenhuma outra empresa no Japão. Mas grande coisa. Se não tivesse feito aquelas campanhas e alguns desfiles lucrativos, estaria praticamente necessitada.

Até a carreira de Hadley havia decolado novamente após alguns falsos começos e muitas histórias chocantes nos tabloides. Não só estava em um filme, um filme de verdade, mas estava apaixonada por Reed, o meio-irmão de Candy. Era difícil para Irina se lembrar que de fato gostava de Hadley quando ela estava com um sorriso de orelha a orelha e contando a ela o quanto amava Reed a cada cinco minutos.

Até sugeriu que Irina e Javier saíssem junto com eles, mas Irina sorriu amargamente com a proposta. Javier era seu não-namorado e não-namorados não saíam em encontros. Apenas socializavam e ficavam. Como no mês passado, quando tinham estado em Barbados em trabalhos diferentes, e Irina insistiu que Javier a levasse para sair. Contudo, não aconteceu porque se encontraram na praia e Javier decidiu que não havia nada melhor do que simplesmente "relaxar e ver o luar refletindo na água". Qual era o propósito *disso*? Irina explicou claramente o que pensava a respeito, em seguida, saiu irritada e não teve notícias dele até hoje de manhã, quando recebeu uma mensagem como se nada tivesse acontecido. LONDRES SEMANA QUE VEM. ESTÁ LIVRE PARA SAIR? J. Era muito insistente.

Irina se encolheu quando a maquiadora quase arrancou seu olho com uma bola de algodão. Pensou em dar outro ataque, mas não estava com o coração naquilo. Pois seu coração no momento estava ferido, despedaçado e seco na cavidade do peito como um ovo mexido. O único ponto de luz na escuridão era o fato de que Candy estava mais infeliz do que ela. O abalo emocional, simplesmente porque Reed ousou dar a Hadley o papel principal de seu filme acabou com Candy soluçando em um saco de papel depois de horas arfando. Se descobrisse que Hadley e Reed estavam namorando, Irina planejaria emigrar. Por sorte Candy passava quase todo o tempo no quarto costurando roupas estranhas em uma máquina grande que havia comprado. Ontem à noite Irina teve de bater na parede porque o *clack clack clack* e os xingamentos de Candy quando errava um ponto não paravam de acordá-la. Não era à toa que ficou com dor de cabeça.

E agora estava em uma sessão na qual as roupas tinham sido feitas para uma menina que de fato tivesse peitos e quadris. Tiveram que costurar por cima dela, e a figurinista não parava de espetá-la com uma agulha. Isso tinha sido ruim o bastante até ser presenteada com um par pavoroso de filés de frango de plástico que mandaram colocar no sutiã. Então Irina viu as fotos instantâneas da primeira sessão, viu a cor no próprio rosto e teve justificativa para um faniquito. Outra frase útil que aprendeu com Candy.

– Pareço que tenho... a doença da bile – soltou para o próprio reflexo enquanto o fotógrafo voltava para ver como estava ficando o retoque. – A que deixa a pessoa amarela.

– Icterícia?

– *Ja*, icterícia. – Irina cruzou os braços. – Você tira essas fotos, não é bom para ninguém.

– Posso colocar um filtro diferente nas luzes – sugeriu o fotógrafo. – E talvez pudéssemos reduzir um pouquinho a base.

A maquiadora mordeu o lábio.

– Bem, acho que posso.

– Mudamos o fundo branco para alguma coisa mais calorosa.

– E por que alguém não traz para Irina uma lata de Coca-Cola e alguma coisa para comer?

— Só como duas fatias de maçã verde e duzentos e cinquenta gramas de castanhas de caju por dia — disse Irina, pois ninguém aqui sabia que tinha se enchido de massa no almoço. — E as fatias devem ser do mesmo tamanho.

Enquanto a maquiadora começava a tirar a base cuidadosamente e substituí-la por uma mais bronzeada, Irina observou todos correndo com um único pensamento: agradá-la e afastar o mau humor para que ela pudesse atuar diante da câmera. Nunca eram tão solícitos quando tentava sorrir, pedir por favor e agradecer. Não parecia uma modelo, apenas uma menina carrancuda e desajeitada. No entanto, sabia como agir como modelo, e isso teria de servir.

Após um dia exaustivo de aplicação e remoção de maquiagem até que ela se parecesse menos com uma vítima da peste, o último lugar para onde Irina queria ir era sua casa. Já aturava demais a feiura de Laura nos *outdoors* sem ter de olhar para a versão viva no sofá. Além disso, o apartamento havia se dividido em dois grupos: Irina e Hadley contra Candy e Laura, apesar de Irina desconfiar que, se Hadley não odiasse Candy tanto assim, teria ficado feliz em unir forças com Laura.

De qualquer forma a atmosfera era tóxica demais, e tinha amigas agora. Bem, não amigas exatamente, pois eram todas modelos, o que significava que a apunhalariam pelas costas com uma tesoura se precisasse, mas ao menos tinha com quem reclamar em russo.

Quando chegou ao Troija, o pequeno restaurante russo em Primrose Hill, onde se encontravam, Famke já estava esperando por ela.

— *Pri'viet* — disse sorumbática, olhando para um prato cheio de vapor de blinis de queijo na frente dela. — Sofia disse que preciso ganhar alguns quilos.

Irina só pôde assentir em solidariedade. O look leste europeu angular já havia acabado.

— É só aguentarmos por uma estação ou coisa do tipo — disse, com mais confiança do que sentia. — As curvas não podem se manter na moda para sempre. — Mas, mesmo assim, começou a procurar no cardápio algum prato cheio de creme. Estava fazendo em média seis refeições por dia e ainda não havia ganhado peso nenhum.

— Ela é sua colega de apartamento — Famke disse amargamente. — Você tem todas as chances de colocar veneno de rato no chá dela.

Irina sorriu hesitante, pois, se achasse que podia escapar, teria feito isso há várias semanas.

— Não estou brincando, Irina — Famke espetou um dos blinis com o garfo.

Era engraçado que ela e Famke saíssem agora. Criaram afinidade pelo ódio que tinham a Masha e Oksana quando fotografaram juntas em Ibiza. Ficaram se encarando muito na esteira de bagagens do aeroporto até Famke se aproximar.

— Vai ficar no Los Jardines de Palerme, certo? Quer dividir um táxi?

Irina derrubou a bagagem de mão com roupa suja (ainda estava esperando resposta do assessor financeiro sobre se mala contava como despesa comercial legítima a essa altura) de modo que quase atingiu o pé da outra menina.

— Você divide táxi com camponesas? — perguntou friamente.

Famke parou quando ia acender um cigarro.

— Oksana é uma vaca — afirmou categoricamente. — Acha que ela foi ruim naquele dia, tente morar com ela.

Até Irina sentiu uma leve pontada de pena. Mas...

— Se encher meu saco outra vez, teremos um problema — disse, enquanto avançavam na fila. Depois teve de perguntar. — Oksana, qual é o problema dela?

Famke tragou o cigarro irritada.

– Criou um grande caso por eu ter treinado com o Balé Bolshoi, mas, antes disso, morava em uma cidade pequena na Sibéria e meu pai é zelador em uma escola. E ela age como se isso fosse razão para se envergonhar. Detesto ela.

Nada como ódio mútuo a um inimigo comum para aproximar duas meninas.

– Costumo ir ao Troija em Primrose Hill com outras meninas, talvez você possa ir também – Famke ofereceu casualmente, enquanto pegavam o próximo táxi vazio, e este foi o começo de uma linda amizade. Ou, do tipo, mantenha os inimigos próximos o suficiente para que não possam fazer nenhum movimento súbito em direção a utensílios afiados.

O resto das garotas entrou com as mesmas expressões de descontentamento e, quando a mesa já estava coberta com pratos limpos e copos vazios, todas se convenciam de que estariam de volta à Rússia antes do início da próxima estação.

– Aquelas garotas cheias de curvas são gordas demais para a passarela – alguém resmungou. – As roupas ficam melhores em meninas magras.

Houve vários murmúrios de divergência.

– Todos os estilistas estão obcecados com cinturas – Katja, uma loura glacial destacou. Olhou Irina com reprovação. – Se você tivesse conseguido a campanha Siren, nada disso teria acontecido.

Irina não aguentava mais a palavra "Siren". E estava cansada de levar a culpa pelo domínio de Laura no mundo da moda.

– Quando estiver em desfiles, me certificarei de que ela esteja com saltos quinze, depois vou empurrá-la das escadas! – rosnou. Cinco pares de olhos a encararam em expectativa. – Estou brincando!

– Pelo menos você ainda é agendada para desfiles. Vou para Nova York com algumas opções, mas não tenho nenhum compromisso – disse Famke. – Estou acabada, a não ser que consiga colocar cinco centímetros nos quadris nas próximas três semanas.

    Houve uma afobação de atividade enquanto cardápios eram puxados e sobremesas pedidas. Entretanto, Irina sabia que seria preciso mais do que uma porção dupla de *cheesecake* para retomar os rumos da carreira. Precisava de um plano. Precisava de estratégia. Ou teria de contratar um assassino profissional para matar Laura.

Capítulo Dezesseis

Quatro semanas, quatro cidades diferentes: Nova York, Londres, Paris, Milão. Podia ser fevereiro e as lojas já estavam começando a encher com roupas elegantes e florais de primavera, mas os designers mais famosos estavam ocupados mostrando para as mulheres o que estariam vestindo naquele inverno. Irina, finalmente, havia entendido que, em se tratando de moda, o jeito errado geralmente era o certo.

Irina havia superado 95% da irritação agora. A Olympus Fashion Week de Nova York tinha sido ótima; participou dos principais desfiles depois de conseguir uma campanha Missoni que tinha sido prometida a uma atriz de Hollywood que foi presa por dirigir alcoolizada. Isso havia criado um grande murmúrio. E esse murmúrio a colocou nas semanas de moda de Londres e Paris também. Laura podia ter estado em todos os lugares em que apareceu, mas Irina tinha feito mais desfiles. E era isso que contava.

Irina examinou o camarim lotado do desfile da House of Augustine enquanto uma cabeleireira transformava seu cabelo em um ninho de pássaros que desafiava a gravidade. Havia muitas meninas novas nesta temporada. Muitas garotas com o novo visual, que era mais suave, mais bonito e, maldição, mais cheio de curvas.

Olhou desanimada para o próprio busto quase liso. Tinha engordado novecentos gramas no último mês, mas ninguém notou.

— Ei, por que está tão aborrecida? – disse uma voz suave ao seu ouvido, antes de sentir um beijo no ombro.

Irina girou para Javier atrás dela com uma câmera, que clicou e apontou para ela, enquanto ela fingia não parecer tão feliz em vê-lo.

— O que está fazendo aqui? – perguntou cuidadosamente, ignorando as explosões de felicidade ao vê-lo. Também ignorou o impulso de se esticar e tocá-lo; acariciar os músculos firmes do braço, plantar uma fila de beijos em sua bochecha.

— Fui contratado para tirar umas fotos de camarim – Javier respondeu orgulhoso, mirando a câmera para seu rosto outra vez. Parecia animado, os olhos brilhando, e Irina não sabia ao certo se era porque estava sendo pago para ficar em uma sala cheia de meninas lindas de lingerie, ou simplesmente porque estava em uma sala cheia de meninas lindas de lingerie.

— Ótimo – disse secamente. – Tira mais uma foto de mim sem maquiagem, quebro sua câmera.

— Justo – concedeu Javier, com um pequeno gesto de ombro. – Quer sair depois? Tenho convites para a festa Versace.

Irina olhou para Karis do Texas enquanto passava, as curvas avantajadas dos seus seios balançando ligeiramente.

— Tudo bem, pode ser – disse com a voz entediada. Se Javier desse ao menos uma olhada na direção deles, ela furaria seus olhos. De verdade.

— É possível que esteja um pouquinho feliz em me ver? – perguntou Javier, colocando o cabelo atrás da orelha.

Isso quebraria todas as regras não pronunciadas. Tipo, namoradas ficariam felizes em ver seus namorados aparecendo de repente. Contudo, garotas que só serviam para transas casuais deveriam fingir interesse moderado.

— Talvez só um pouco – Irina brincou, antes de virar. – Me arrumo agora, até mais tarde.

Fashionistas | Irina

A atenção de Javier já havia desaparecido na direção do canto em que sua arqui-inimiga estava querendo aparecer.

– É. Legal. Vou tirar umas fotos da Laura – disse vagamente.

– Ah, estão fazendo a prova do vestido de noiva nela, melhor chegar perto.

Pelo menos Irina usou um vestido transparente sem sutiã, o que garantiu muitos flashes dos fotógrafos amontoados no fim da passarela. Seus mamilos se destacaram muito mais do que Laura se pavoneando na passarela com um vestido branco.

Encarou vingativamente a outra garota enquanto dois assistentes a livravam dos metros e metros de seda.

– Aí está ela, nossa pequena Siren – Zilli, o estilista, entoou enquanto Laura entrava no camarim, acompanhada por uma multidão de puxa-sacos. Irina quase foi pisoteada com a pressa de se aproximarem de Laura para ficarem babando na cara gorda dela.

– Adorei a coleção – Laura sorriu. – Estava tão bonita.

– Pode ficar com o vestido que quiser – disse Zilli. – Nada menos que o melhor para nossa garota Siren. Venha me encontrar depois que se trocar. Quero que conheça alguns dos nossos patrocinadores.

Ele saiu, pausando para lançar um sorriso distraído a Irina, como se só tivessem sido apresentados uma vez, e não passado horas juntos conversando sobre como ela era a favorita para representar seu perfume fedido, que cheirava pior do que esterco de cavalo.

Irina ainda estava fervendo por causa disso quando juntou seus pertences e os colocou na nova bolsa Fendi.

– Bela bolsa – disse Laura, chegando ao lado dela para poder se olhar no espelho. – Gostou do desfile?

– Não encha – sugeriu Irina. – Seu joguinho doce não me engana e já está cansando.

Laura cruzou os braços e empinou o queixo.

— E sua atitude amuada cansa mais ainda. Será que morreria se deixasse de lado a atitude e agisse como um ser humano? Mataria. Irina já podia se ver morrendo de overdose de açúcar se fosse forçada a ser gentil com quem não merecia.

— Evite massas na Itália — aconselhou. — Celulite está começando a voltar.

Laura virou e esticou o pescoço para poder ver as traseiras das coxas no espelho.

— Não está, não! — engasgou-se. Um olhar agressivo passou por suas feições insípidas. — Sabe, Irina, por isso Ted não a quis na campanha Siren. Porque você já é a maior vaca que qualquer um já conheceu e ninguém na Fierce aturaria se você alcançasse níveis mais altos de vaquice. Mas parabéns! Parece que conseguiu assim mesmo.

Irina a encarou embasbacada, sem encontrar uma resposta malcriada. Era possível que tivesse ouvido mal, pois Laura ainda soava como se tivesse lama na boca quando falava.

— Ted não daria um golpe desses — declarou firmemente. — Era meu agente primeiro. Você está mentindo.

— Não provoque se não aguenta a resposta — desdenhou Laura, jogando o cabelo idiota, que era curto demais para ser jogado. — A questão é que eu ganhei o trabalho da Siren, você não! Agora esqueça!

— Diga que estava mentindo! — insistiu Irina, dando um passo para a frente, de modo que estavam com o nariz praticamente se tocando. Podia não ser tão grande quanto Laura, mas era um gênio na arte da provocação.

Talvez Laura tenha percebido que estava a uma palavra de ser desfigurada. Ou talvez tenha se sentido culpada por ter aberto a boca grande. De qualquer forma, mordeu o lábio como se já tivesse falado muito. Demais.

— Desconte em Ted, não em mim — disse, acenando freneticamente para alguém do outro lado da sala, como se precisasse de socorro. — Mas já pensou na possibilidade de que ganhei a campanha por ser a melhor?

Em toda a teorização e dentes rangendo por não ter ganhado a campanha Siren, Irina não tinha permitido que essa possibilidade passasse por sua cabeça.

— *Detesto* você! — disparou. — Todas as garotas russas detestam.

— Era verdade. Detestava Laura por ter roubado a campanha Siren, mas a detestava por uma série de outras coisas. Pelos pais carinhosos que chegavam o tempo todo com potes cheios de bolo. Por convocar reuniões de apartamento como se fosse a dona do lugar. Por ter tudo que queria caindo no colo enquanto Irina ainda passava horas livres treinando poses com um espelho e uma Polaroid. Até ser uma baleia loura funcionava bem para Laura, que já estava saindo.

— Péssimo — falou lentamente. — Não ligo a mínima.

Depois teve a ousadia de sair e ser engolida por uma multidão de admiradores. Irina examinou a sala e viu Javier colocando rolos de filme na bolsa enquanto fazia piadas. Na realidade, enquanto *flertava* com gêmeas louras australianas. Meu Deus, agora as estavam criando em unidades múltiplas.

Irina ia acabar com aquilo rapidinho. Marchou até lá e agarrou a camiseta de Javier.

— Não quero ir em festa Versace — anunciou, espantando as meninas com a mão livre. — Vamos agora e voltamos para meu hotel.

Javier se soltou da garra.

— Preciso ir para a festa — disse quieto. Ele conseguia assustar bastante quando ficava com a voz baixa e rosnada daquele jeito. — É uma ótima oportunidade de fazer contatos.

Irina tentou encará-lo, mas ele estava ficando muito bom em não hesitar.

– Se não vier comigo agora, então nunca mais faz mais "contato" comigo, bonitinho.

Por um instante aterrorizante, Irina achou que Javier aceitaria bem, mas ele suspirou derrotado.

– Tudo bem, que seja. Mas, Irina, por favor, se acalme e pare de ser tão malcriada.

– Não sou malcriada – Irina sibilou enquanto começava a arrastá-lo para a saída. – Só me defendo.

Capítulo Dezessete

Diviriram um táxi até o hotel em um silêncio tenso. Javier sentou-se encolhido em uma das poltronas macias que todos os hotéis tinham enquanto Irina pedia batata frita e *cheesecake* pelo serviço de quarto. E quando desligou o telefone e olhou para Javier, ele desviou o olhar.

As ondas de mau humor de Javier nunca duravam muito – o que era bom, pois as de Irina duravam. E era hora de ela ser engenhosa. Mexeu na bolsa e encontrou um envelope.

– Tenho fotos da minha família, se quiser ver – disse. – Elas chegam semana passada.

Foi a fórmula mágica que devolveu o sorriso ao rosto de Javier. Ele adorava ouvir histórias sobre a vida de Irina na Rússia, apesar de ela não conseguir imaginar a razão para isso, pois todas soavam como um episódio de *EastEnders* escrito por Dostoievsky. E ele vivia enchendo a paciência para que ela mostrasse fotos, e nunca parecia convencido pelas desculpas de que apenas oligarcas tinham condições financeiras de comprar câmeras.

Ele já havia mostrado fotos da família dele. Centenas. Irmãos, irmãs, tios, e até uma tia-avó anciã, todas tiradas no jogo de futebol anual de família em São Paulo onde comiam muito, bebiam cerveja e jogavam bola durante horas. E agora que ela estava pronta para retribuir o favor, o resto do mau humor derreteu e ele estava se juntando a ela na cama para que pudesse ver as fotos que a mãe havia mandado (junto com uma carta ranhosa perguntando por que ela não escrevia há oito meses).

– Elisaveta é a bonita, Piotr é o inteligente, e Yuri o bebê – disse, apontando para os rostos sorridentes.

Javier levantou a foto para que pudesse olhar mais de perto.

– E você é o quê?

– A grossa, difícil, ingrata e sempre encrencada – respondeu Irina, puxando de volta antes que Javier pudesse ver o papel de parede descascando e os santos de gesso e figuras no fundo. Havia algumas coisas sobre as quais não precisava fazer. E antes que pudesse protestar, Irina executou seu outro truque. – Quer ver futebol? – perguntou casualmente. – Pode ter canal de esportes em *pay per view*.

Na realidade, não era apenas uma tática feminina para manter Javier calmo. Irina gostava de ver futebol também. Ou gostava de rir de Javier enquanto ele gritava para a televisão, seu inglês ficando com mais sotaque até soltar um monte de xingamentos em português ao juiz, que era cego. Aliás, a vez em que mais se divertiram foi em Milão há alguns meses quando a empresa de moda deu a ela algumas entradas VIPs para uma partida entre Milan e Juventus. Ele só faltou chorar de alegria. E quando voltavam para o hotel depois do jogo encontraram alguns turistas suecos que estavam improvisando um futebol em uma das praças. Não foi romântico, mas foi divertido.

Mas não tão divertido quanto dar uns beijos embaixo das cobertas depois que o time de Javier venceu por três a zero.

– Fico feliz por não termos ido à festa Versace – disse Javier, enquanto respiravam entre os beijos que Irina ainda se lembraria quando tivesse noventa anos.

– Estaria cheia de babacas... – murmurou Irina, apoiando-se em um cotovelo para que pudesse olhar para Javier e para a imagem digna de GQ que ele formava deitado nos lençóis brancos. – E não teria batata frita.

– Nem futebol. Você é tão legal, Irina – Javier bocejou.

Não havia por que ser modesta. Ela *era* legal. Em matéria de não-namoradas, ela era a mais legal, e ela estava prestes a dizer isso para Javier antes de transarem quando percebeu que ele estava dormindo. Normalmente Irina gostava de ver Javier dormindo: espalhado sobre as costas com um braço embaixo do travesseiro. Nem se importava com os barulhos que ele fazia, enquanto se sentava e se admirava com o fato de que conseguia continuar trazendo um menino lindo daqueles para a sua cama há seis meses.

Mas dormir enquanto ainda estavam brincando não era bom. Era um claro sinal de que ele nem a achava atraente o suficiente para se manter acordado e transar com ela, e sexo era a base de todo o relacionamento deles. Hummm, apesar de "relacionamento" não ser a palavra certa, pois implicava encontros de verdade em cinemas e restaurantes, o que não era o ponto forte de Javier. E dar as mãos, o que Javier fazia muito bem (aperto de dedos e carícia no pulso particularmente), enquanto Irina decepcionava.

Quando Javier dormia, nada podia acordá-lo se não envolvesse copos de água fria e berros em seu ouvido. Deixava Irina livre para explorar os lugares favoritos, a pequena linha de sardas descendo pelas costas dele, os entalhes sobressaltados da tatuagem dele e a pequena cicatriz no dedo de quando acidentalmente o prendeu em uma porta de táxi quando estavam em Paris. Irina precisou correr para o bar mais próximo e pegar um balde de gelo, e Javier, quando conseguiu voltar a falar, disse que foi a coisa mais doce que ela já havia feito. Depois a beijou e disse que era a única coisa capaz de afastar os pensamentos da dor latejante. É, a cicatriz no dedo definitivamente era o que mais gostava em Javier.

As sombras escuras estavam começando a desaparecer na medida em que o sol da manhã entrava pelas frestas da cortina. Irina detestava as vezes em que não conseguia dormir enquanto o resto do mundo estava deitado e adormecido. Pensamentos ruins pareciam correr pela mente; "os vermelhos do mal", Irina e Hadley chamavam, depois que assistiram a *Bonequinha de Luxo* em uma tarde de domingo.

Irina suspirou frustrada, empurrando Javier com o cotovelo, mas ele mal se mexeu. Não ia conseguir dormir, então saiu da cama e foi para o banheiro, onde poderia causar estragos com os lenços de papel e as bolas de algodão do hotel. Não funcionou tão bem quanto espatifar coisas, o que jamais fazia quando Javier estava presente. Ele a vira jogando a bolsa de maquiagem pela escada e não se impressionou muito. No entanto, rasgar o papel higiênico não estava coçando a ferida e, no final, Irina desistiu e caiu pesadamente no chão, com as costas na banheira, e começou a pensar todos os pensamentos que estava tentando evitar.

Tinha viajado o mundo, ganhado muito dinheiro e fez vários corpos humanos tremerem quando fazia sua cara de luta, o que não era ruim para uma garota que foi expulsa da escola, e nunca conseguiu segurar um emprego por mais de duas semanas. Havia destinos piores do que durar menos de um ano como modelo.

Exceto que queria mais. Uma provinha não era o bastante. Não podiam dar a uma garota uma amostra de uma vida melhor e, em seguida, bater a porta na cara dela. Só de pensar nisso, em voltar para casa e para o olhar decepcionado no rosto da mãe, em nunca mais ver Javier novamente, e ouvi-lo dizer seu nome como se amasse o som dele... Irina iniciou um novo ataque em uma cópia indefesa da *Vogue Rússia*, que estava lendo na banheira.

Era muito tarde agora e o chão do banheiro era frio e desconfortável. Irina fez um desvio para o minibar antes de voltar à cama, para que pudesse se deitar lá sem dormir, segurando cubos de gelo que derretiam rapidamente contra o rosto, para que não ficasse com os olhos inchados nos próximos desfiles.

Irina deve ter caído no sono sem perceber, pois, de repente, foi acordada por uma mão acariciando-a nas costas.

– Sua pele fica tão linda à luz da manhã... – Javier murmurou enquanto deitava de conchinha. – Como calda morna.

Ela abriu um olho para enxergar incrédula o relógio. Tinha de chegar no primeiro desfile em meia hora.

– Saia de cima de mim – resmungou, rolando para longe da mão suave de Javier, porque a fazia querer rolar na outra direção, direto para os braços dele.

Sair da cama era difícil quando Javier estava nela. Além disso, estava tão cansada que as pernas pareciam tão duras quanto as de um potro recém-nascido. Irina pegou uma calça jeans do chão e começou a vesti-la.

– Vou para Londres novamente na semana que vem – disse Javier. – Quer me encontrar?

Irina passou uma escova pelo cabelo.

– Quero, se desta vez você conseguir ficar acordado, claro.

– Estou pagando um tempo de estúdio – prosseguiu, ignorando a declaração enfática de Irina. Normalmente suas declarações enfáticas resultavam em gritos, que deveriam levar a brigas, que deveria levar a beijos passionais e a rolar pelo chão enquanto faziam as pazes. Mas não, Javier simplesmente prosseguiu. – Vou fazer uma sessão teste. Quer ser minha modelo?

Típico! Javier só provocava quando queria alguma coisa. Os homens eram todos iguais.

– Não trabalho de graça – Irina informou arrogante. – Peça a Laura. – Apesar de Laura estar ganhando tanto dinheiro que Irina ficava doente de inveja, ainda fazia sessões de teste ocasionalmente para os amigos. A vaca gorda era realmente uma perdedora.

Javier já havia saído da cama e estava se aproximando para que pudesse tentar abraçar seu corpo duro. Quando não deu certo, ele a beijou na testa.

— Mas é um favor, *baby*.

— *Niet*, não faço favores — Irina o afastou. — Você tem 5.000 libras, faço sessão de foto. Se não tem, arranja outra garota.

Já estava quase na porta quando ele a puxou de volta pelo colarinho da jaqueta.

— Jesus! Não pode me fazer um favor pela bondade do seu coração, ou isso significaria que teria de admitir que tem um? — perguntou de maneira suave, de um jeito completamente incompatível com as mãos apertadas nos seus ombros.

— Não diz besteira. — Irina tirou as mãos dela. — Não é como a gente fosse mais que amigos casuais.

— Então de que diabos você chama isso? — Javier gesticulou para o quarto bagunçado e os dois no meio em posição de combate. Finalmente, fez com que ele abandonasse a pose descolada.

E era uma boa pergunta. "Isso" era para que não precisasse mais acordar sozinha em outro quarto de hotel em outra cidade estrangeira. "Isso" era aproveitar mais algumas horas com um menino que ia se tocar a qualquer momento e perceber que estava ficando com uma menina russa feia e magricela quando poderia ter quem quisesse. "Isso" era o melhor que Irina conseguiria.

Olhou para o relógio na cabeceira.

— Vou me atrasar — disse em tom de acusação. — Não tem tempo para essa besteira.

— Tudo bem... — Javier suspirou derrotado porque sempre permitia que tivesse a última palavra. Catou na carteira e puxou uma pilha de euros amassados, enquanto Irina se encolhia horrorizada. — Minha parte do quarto.

— Não seja babaca! — disse bruscamente, porque detestava isso tanto quanto ele. — Um dos estilistas paga o quarto. — Não pagavam, mas 10.000 libras por desfile, menos as taxas da agência e comissão, ainda representava cerca de cinquenta vezes mais do que Javier ganhava.

— Não pagam mesmo! — irritou-se, pois estava na indústria da moda há muito mais tempo do que ela. — Vou pagar a minha parte.

Estava oficialmente atrasada agora. Oficialmente prestes a se descontrolar de um jeito espetacular. Irina lançou um olhar dispensando o dinheiro que Javier tentava colocar em sua mão.

— Isso não cobre nem serviço de quarto — disse gentilmente, considerando o contexto. A única coisa sobre a qual Javier era muito sensível era dinheiro. Insistia em pagar pelo menos metade quando saíam, apesar de Irina já ter dito um milhão de vezes que não era necessário. — Não é problema, não torna um.

— Então você se recusa a doar metade de um dia do seu tempo para fazer uma sessão de teste, mas não me deixa pagar o quarto de hotel? — Javier esclareceu secamente, apesar de estar com os olhos brilhando de todas as formas possíveis. — E não posso dar presentes para você, além de uma porcaria de câmera Polaroid que eu ia jogar fora assim mesmo...

— Trabalho é totalmente diferente. Além disso, ganho muita coisa de graça e você não ganha muito...

Javier não deixou Irina acabar de protestar aquele assunto, mas continuou com o rosto vermelho de raiva enquanto sua voz se tornava cada vez mais alta até que pudesse ser chamada de grito. Ele nunca gritava. Não se importava em falar quando ela estava sendo difícil, e sempre dizia para se acalmar, mas Javier raramente gritava. E, de repente, Irina não achou que fazê-lo perder o controle fosse uma boa ideia. Tinha a sensação de que isso não acabaria em beijos ardentes e rolo na cama. Nem perto.

— Aliás, só o que posso é esperar que ligue e me mande vir e prestar serviços a você de acordo com a sua agenda. Bem, cansei disso, e cansei de você e da sua necessidade de criar drama quando não tem a menor razão para isso!

Irina se forçou a não engasgar, nem chorar, nem demonstrar qualquer outro sinal de emoção, apesar de estar com as unhas enterrando nas palmas com tanta força que era capaz de estarem sangrando. Como podiam estar terminando, quando nem tinham começado? Lançou um olhar ansioso para a porta do banheiro, pois tinha de haver alguma coisa lá dentro que pudesse quebrar. Depois lançou um olhar ainda mais ansioso para a expressão trovejante no rosto de Javier, tentando memorizar cada sarda, cada forma que os lábios faziam quando sorria, o jeito como o cabelo caía constantemente nos olhos e era puxado para trás com uma mão impaciente.

– Que seja – disse Irina, enrijecendo para parecer inabalada. Tinha sido decisão dela fingir que entendia as regras do jogo que estavam jogando, então não havia razão para reclamar das letrinhas miúdas. Se começasse a se chatear ou, pior, chorar, então Javier começaria a desconfiar. E tudo viria entornando, pois não aguentava mais segurar. Confessaria que estava apaixonada por ele porque era tão lindo, divertido, gentil e um monte de outras coisas que Irina não sabia que meninos pudessem ser. E apesar de Javier ficar horrorizado com a verdade quando ele só queria uma amizade colorida sem rolos e confusões, seria muito gentil, pois ele era assim, e a gentileza a mataria. Então Irina disse a única coisa que podia naquelas circunstâncias. – A gente se vê, eu acho.

Em seguida, foi para a porta com os olhos para a frente, pois tinha certeza de que se ousasse olhar para Javier, se transformaria em pedra.

Capítulo Dezoito

Irina chegou à tenda na feira Rho-Pero ainda tremendo, mas um capanga vestido de preto simplesmente riscou seu nome da lista sem uma palavra. Ninguém se importava se Irina estava quinze minutos atrasada ou se estava com o coração estilhaçado em milhões de pedaços. Simplesmente a colocaram em um banco em uma estação de maquiagem para que seu cabelo pudesse ser preso por alguém que não se importava se ainda estava no couro cabeludo.

O camarim estava fervendo mais do que o normal. Havia pessoas passando, com secadores, pranchetas e enormes copos de café. E o barulho era ensurdecedor. Sobre a trilha sonora pré--desfile que tocava techno havia gritos histéricos pedindo sapatos desaparecidos ou modelos que ainda não tinham chegado. No entanto, sob tudo aquilo um murmúrio de expectativa enquanto todos esperavam que Caroline Knight fizesse uma aparição especial. Estava vindo a muito custo, pois passarela era muito abaixo dela atualmente, passar cinco minutos desfilando para o estilista que pagava 2.000.000 de libras por ano para fotografar com seus vestidos em revistas glamorosas.

Alguém olhou para o rosto de Irina, depois jogou uma máscara congelada para livrá-la das olheiras. Irina observou com desdém enquanto Laura entrava com a gangue de amigas modelos. Era irritante a maneira como se chamavam de Breakfast Club porque se encontravam para tomar chá com torrada sempre que estavam na mesma cidade. Apesar de Laura parecer achar uma graça.

Irina encarou Laura, que retribuiu com interesse enquanto a outra menina olhava a arara de roupas. Em seguida, viu Ted chegar e envolver Laura em um abraço forte. Nunca era afetivo daquele jeito com Irina. Tudo bem, ela se contorcia para se livrar, e o xingava se tentasse, mas não era esse o ponto.

O ponto era que ele só se interessava por Laura. Irina era notícia velha e ele havia sabotado a campanha Siren para ela.

– Se puxar meu cabelo mais uma vez... – Irina rosnou para a cabeleireira, deixando a ameaça de retribuição pairar, enquanto outra maquiadora se apressava.

– Tire os jeans – instruiu de forma concisa, e uma vez que Irina se livrou da calça, começou a aplicar base nas pernas enquanto alguém aplicava uma camada branca espessa no rosto.

Os puxões e tapas e agora empurrões estavam dando nos nervos de Irina. Agora Javier havia chegado e estava abraçando e beijando modelos demais para o seu gosto, e quando Caroline finalmente fez sua grande aparição em um casaco de pele e óculos escuros, apenas dez minutos antes do início do desfile, Irina finalmente percebeu o que estava acontecendo. Era uma espécie de trama demoníaca para colocar todos que detestava em uma mesma sala para que pudessem fazê-la explodir de raiva.

– Roupas agora! Irina, mexa-se! – alguém gritou ao seu ouvido, que foi sua deixa para saltar do banco com a maquiagem Kabuki completa e correr para a arara de roupas. Mas alguém chegou primeiro.

Era uma das amiguinhas de Laura. Uma americana chamada Danielle, com um sotaque pesado e excessivamente doce, e olhos azuis vagos.

— Então posso trocar isso pelo vestido vermelho? — estava perguntando para o diretor de criação enquanto tirava um traje preto e justo da arara. — É todo errado para o meu tom de pele.

Irina chegou em um piscar de olhos excessivamente maquiados para pegar de volta.

— Saia daqui, é *minha* arara.

— Estamos mudando a ordem — disse o diretor de criação. — O estilista quer Danielle primeiro.

Se o lugar mais cobiçado era o vestido de casamento ou a sobrecasaca exuberante no fim do desfile, o segundo lugar era ir primeiro, quando as luzes se apagavam e a música começava, e a plateia engasgava enquanto a primeira modelo entrava na passarela.

— Vou primeiro. É trato! — protestou Irina. — Tire as mãos das minhas roupas.

Danielle não se moveu um centímetro, apenas olhou incerta para o diretor de criação, que estava consultando a prancheta.

— Não, a ordem mudou. Vamos, Danielle, vista-se. Irina, você vai usar o vestido vermelho na arara de Danielle, e é a quinta.

Irina soltou um sibilo de raiva, que fez os dois olharem cautelosamente para ela. Estava cheia das pessoas tentando passar por cima e agir como se ela não importasse.

— Não troco — disse. — Vou primeiro, então tire mãos sujas da minha roupa. — E só para se certificar de que Danielle entendesse o recado, a empurrou para longe da arara.

— Não me empurre! — Danielle ganiu indignada, esfregando o braço como se já houvesse hematomas.

Irina apontou para a arara de Danielle.

— Vá para lá e saia de perto! — gritou, agarrando a roupa.

— Dois minutos!

O diretor de criação jogou as mãos para o alto em desespero.

— Está tarde demais para discutir isso. Irina vista a porcaria da roupa, Danielle, vai ter de dar um jeito de fazer o vestido vermelho funcionar.

— Mas eu sou a primeira — resmungou Danielle.

Irina já estava colocando a saia estreita. Jamais caberia em Danielle.

— É péssimo ser você — sorriu, colocando um salto alto enquanto puxava o outro com o pé.

— Você é uma vaca! — irritou-se Danielle, girando de modo que suas pontas dos cabelos louros batessem no rosto de Irina.

"Mas se era uma vaca, então era uma vaca que iria primeiro", Irina pensou ao ser empurrada pela cortina branca em uma refrega de faces e flashes. Caminhou com passos longos e fortes, o rosto desafiador, pois podia ser que não fosse mais desfilar por muito tempo, ou conseguir conquistar as pessoas com sua disposição alegre e charmosa, mas ainda enlouquecia a passarela com sua caminhada.

As outras integrantes do Breakfast Club foram claras em relação ao seu apoio para Danielle. Enquanto Irina se apressava pelas trocas de roupa, não parava de ouvir a frase "A Mule de Moscou", o tempo todo. Então tinham dado um apelido sem graça a ela? Deveria sair correndo da tenda aos prantos? Nunca.

Irina pisou na passarela pela terceira vez e começou a longa caminhada. Geralmente se distraía e não via nada, não sentia nada além do vento ao seu redor como uma amazona. Entretanto, ao se aproximar de cada uma das meninas do Breakfast Club ouvia claramente a palavra "vaca" sibilada em sua direção. Irina chegou ao fim da passarela, manteve a pose por cinco segundos, e virou lentamente, de maneira que nem parecia que seus pés estavam mexendo.

Foi até a cortina só para ver Danielle deslizando em sua direção e balançando os quadris como se fosse a estrela de um show de *strip-tease*. Ao se aproximarem ouviu novamente: aquela palavra de quatro letras inconfundível. No entanto, elas não podiam nem começar a imaginar o quanto poderia ser uma vaca. Talvez fosse hora de mostrar. E assim que pensou, Irina inclinou o corpo de modo que seu ombro atingisse Danielle com força o suficiente para que ela cambaleasse nos saltos.

Foi apenas uma fração de segundo, mas pareceu durar uma eternidade. Danielle balançou, mexendo os braços para manter o equilíbrio, antes de soltar um gritinho horrível e aterrissar em um amontoado de pernas espalhadas na superfície branca polida. Irina calmamente passou por cima dela e continuou andando, enquanto Caroline aparecia em um elaborado vestido branco de cauda e ignorou sumariamente Irina e Danielle, que estava tentando se levantar.

Irina teve um segundo no camarim para recuperar o fôlego e, em seguida, estava cercada por todos os lados pelas integrantes do Breakfast Club, inclusive uma Danielle chorando e agarrando o tornozelo de forma melodramática.

– Você é uma vaca!

– Quem você pensa que é?

– Qual é o seu problema?

– Vamos dizer aos nossos agentes que nos recusamos a trabalhar com você!

– Não encham! – irritou-se Irina, enquanto uma assistente tirava seu vestido. – Não trabalho mesmo com amadores, então não perco nada.

– Se meu tornozelo estiver quebrado, vou processá-la – lamuriou-se Danielle, enquanto Laura ao mesmo tempo encarava Irina e consolava a amiga.

Estavam todos olhando para o cantinho delas, e não para o estilista que tinha vindo ao camarim para ser paparicado. Com o canto do olho Irina pôde ver Javier olhando para ela com incredulidade, decepção, consternação, e muitas outras coisas.

– O que está olhando?! – gritou para ele enquanto Ted se apressava, acompanhado por Caroline e uma mulher mais velha com óculos escuros.

– Ursinho – Caroline dizia com sua voz aguda. – Não ensinou seus patinhos a serem gentis uns com os outros?

O ursinho estava com o olhar de um homem cujo pelo havia acabado de ser seriamente amarrotado.

– O que foi isso? – perguntou a Irina, a voz positivamente assassina para combinar com o olhar.

Irina nem teve chance de falar.

– Ela empurrou Danielle!

– E me empurrou na arara antes mesmo de começarmos. E torci o tornozelo. Veja!

Todos olharam para o tornozelo de Danielle, que já estava ficando vermelho e inchado como o bumbum de um macaco.

Ted assobiou para si mesmo.

– Um pouco de gelo aqui? – pediu.

Irina cruzou os braços.

– Não tenho culpa se não consegue andar em saltos e saia apertada – disse. – Mas se concentrar mais em andar em vez de me chamar de vaca, não cai.

– Ou talvez não tivesse caído se você não tivesse empurrado – disse Caroline com um sorriso felino. – Vi quando saí. Ela empurrou mesmo. Está tudo bem, querida? – entoou para Danielle, que mordeu o lábio como a patrulheira corajosa que não era.

E Irina é que era a maior vaca do recinto? Ted obviamente achava que sim, pois já estava com a mão sob seu braço para que pudesse arrastá-la pelos curiosos que olhavam e em uma sala fria de fundos onde o pessoal do buffet servia taças de champanhe.

Ele girou Irina tão depressa que quase foi sua vez de cair no chão. Em vez disso, firmou os pés no chão e cerrou os olhos. Irina preferia ter feito isso quando não estivesse só de sutiã e tanga, mas tudo bem.

– Ela pensa que pode chegar e roubar minha primeira roupa – explodiu. – De jeito nenhum!

– Cale a boca, Irina. Cale a boca! – Ted respondeu. – Está pisando em gelo muito fino agora.

Deveria ter prestado mais atenção ao tom apertado e latejante da voz dele, como se mal pudesse conter o próprio temperamento. Contudo, Irina tinha coisas mais importantes nas quais pensar.

– O que vai fazer, Ted? – provocou. – Me boicotar de mais alguma campanha igual Siren? Sei de tudo!

Ted nem se incomodou em parecer envergonhado.

– Você arruinou as próprias chances sendo arrogante e agressiva.

– Minhas fotos estavam perfeitas! – gritou Irina. – Todo mundo diz. Até fiz droga de aula de elocução!

Que não havia valido a pena, pois agora seu sotaque estava tão carregado que precisava de legendas para ser compreendida.

– As de Laura também. Foi *muito* próximo. E quer saber o que decidiu no final? – Ted não esperou a resposta de Irina e se apressou em continuar. – Ficaram apavorados com a ideia de lidar com você e seus ataques durante dois anos. Preferiram trabalhar com Laura a aguentar uma diva descontrolada que pensa que o mundo lhe deve alguma coisa, pois teve uma vida difícil. Ora, cresça, Irina!

Tudo que Irina conseguiu fazer foi ficar boquiaberta ao passar uma mão impaciente sobre as bochechas para se livrar das lágrimas.

— Ninguém nunca ousou falar assim comigo — disse, o que era uma mentira completa, pois sua mãe, seus professores e quase todas as pessoas que conhecia falavam com ela exatamente assim. — Não aturo essa droga.

— E o que vai fazer a respeito? — perguntou uma voz forte, e Irina virou para ver a mulher mais velha com quem Ted estivera antes atrás deles.

— Esta é Mimi, a dona da Fierce. — Ted recuou, respirando fundo ao fazer uma tentativa visível de acalmá-la.

Mas Irina havia abandonado a calma cerca de três horas atrás. E uma mulher chique olhando de cima para ela era a última coisa com que podia lidar agora.

— Não preciso de sua droga de agência — desdenhou. — Vou em algum lugar e me aceitam na hora. — Estalou os dedos no rosto de Mimi, apesar de ela nem ter piscado. — Até me arranjam campanhas de verdade.

O engasgo chocado de Ted foi um indício de que Irina havia ultrapassado oficialmente os limites. Como sempre.

Mimi a olhou o bastante para que Irina quisesse fugir do olhar intimidante que parecia despir tudo, permitindo que a mulher pudesse ver que, sob a maquiagem pesada e a atitude, era apenas uma menina idiota com um desejo colossal de morrer.

— Afaste-a por duas semanas, Ted — anunciou. — Começando agora.

Irina sentiu arrepios em seus braços.

— Você não me afasta. Tenho cinco desfiles.

— Afaste-a! — Mimi repetiu com firmeza. — Preciso ver algumas pessoas na tenda. Vá me encontrar depois, Ted.

Ela se afastou enquanto Irina ainda estava pensando no próximo protesto.

— Vá para casa, Irina — Ted disse sombriamente. — Vou fazer uma concessão mínima e admitir que tem trabalhado muito duro. Vá tirar férias ou visitar sua mãe, que me liga toda semana.

Irina limpou mais lágrimas.

— Por que está ligando para você?

— Porque você não teve a decência de comunicá-la de que foi cortada da sua vida — informou Ted. — Quero uma Irina nova e melhorada em duas semanas ou pode procurar outra agência, apesar de que, após a performance de hoje, duvido que alguém queira assinar com você.

— *Ja*, iriam — Irina vociferou. — Está falando da boca para fora. Faço muito dinheiro para você, depois pensa que pode me jogar fora como lixo. Não é...

— Ah, vá para casa, Irina — disse Ted, como se nunca tivesse estado tão entediado. — Não quero nem olhar para você agora.

— Mas...

— Mais tarde! — irritou-se Ted, virando-se de costas e deixando Irina ali com o mundo caindo ao redor de seus sapatos caros.

Capítulo Dezenove

Quando Irina chegou de volta a Londres, o choque tinha dado lugar a uma raiva que queimava e fazia seu sangue coçar ao passar pelas veias.

Bater a porta da frente atrás de si não ajudou muito, mas se Candy estivesse em casa, pelo menos Irina podia descontar o mau humor nela. Examinou minuciosamente o tapete à procura de alfinetes dos experimentos de Candy na elaboração de vestidos, para que tivesse justificativa para gritar com ela, mas, pela primeira vez na vida, não achou nem um. Já havia jogado o telefone da agência pela janela do táxi a caminho do aeroporto, e agora a TV parecia um projeto viável. Sempre quis atirar uma pela janela e ver espatifando na rua. A missão de destruição de Irina foi interrompida por um risinho abafado vindo do quarto de Hadley, seguido por uma voz grave.

Maravilha. Maravilha maravilhosa. Hadley e Reed estavam lá, provavelmente tentando comer a boca um do outro, o que também significava que Candy não estava no recinto.

Irina pôs roupa para lavar, comeu uma caixa de docinhos com cobertura que encontrou na geladeira, assistiu a um episódio de *Ugly Betty*, e Reed e Hadley não apareceram. O que foi péssimo, pois deu a Irina tempo para bolar um plano ardiloso.

Não era um plano do qual se orgulhava, pois gostava de Hadley. Não o suficiente para confessar que sua carreira de modelo havia sofrido um revés. Ou que estava apaixonada por Javier, apesar de não estarem namorando oficialmente. No entanto, haviam formado laços por causa de uma inimiga em comum em forma de Candy, feito uma expedição de inverno para comprar roupas térmicas, e tinham toda uma troca em que Irina ensinava Hadley a utilizar utensílios domésticos e ela retribuía com conselhos de moda e pedidos de pizza.

Então não facilitava o que tinha de fazer, e Irina abriu a porta do quarto de Hadley com o ombro, sem bater.

Estava esperando alguma cena horrível de devassidão seminua, não Reed e Hadley deitados na cama olhando para um laptop.

– Oi, Irina – entoou Hadley, levantando o olhar da tela com um daqueles sorrisos com dentes brancos que cegavam e gengivas rosas. – Estamos escrevendo um roteiro juntos! Ou, Reed está escrevendo e eu estou dizendo o que tem de colocar.

– A história é sua – disse Reed. – Só estou acrescentando os ângulos das câmeras. – Lançou um olhar a Hadley, tenro, exasperado, um pouco admirado. E Irina desejou que ao menos uma vez Javier tivesse olhado assim para ela. Dificultava um pouco o que tinha de fazer.

– Preciso de um papel no seu filme – disse apressadamente. – E se disser não, então conto a Candy que estão namorando.

Houve um atraso de uma fração de segundo antes do inevitável ganido angustiado de Hadley.

– Por quê? Por que faria isso? Comigo?

Reed se levantou e olhou enojado para Irina.

– É, Irina. Por que faria isso?

Irina deu de ombros.

– Nada pessoal – disse sem tom. – Preciso diversificar minha carreira, e você precisam da minha boca calada. Oferta e procura, *já*? E nem precisa pagar. – O que, na realidade, era um grande gesto dela, não que algum deles estivesse demonstrando qualquer apreciação.

— Devíamos mesmo contar a Candy — Reed disse a Hadley, enquanto o coração de Irina caía no chão. Talvez devesse ter ameaçado fazer alguma coisa vil com o senhor Chow Chow, o cachorro assustadoramente pequeno de Hadley, que no momento tentava mastigar os cadarços de Reed.

— Não! — Hadley cobriu as orelhas com as mãos horrorizada. — Ela vai me matar. E depois vai para cima de você. Está sendo uma V.A.C.A completa só porque estou estrelando seu filme. Se soubesse que estamos apaixonados, viria para cima de mim com as tesouras, e seus produtores ainda não querem que ninguém saiba que estamos namorando.

A mão de Reed automaticamente se esticou e tirou o cabelo de Hadley do rosto.

— Não se estresse, amor... — murmurou rouco, mesmo enquanto lançava a Irina um olhar de intenso desgosto. — Só temos mais uma semana de filmagem.

O que não era problema de Irina.

— Ótimo — disse, bancando propositalmente a tola. — Eu livre toda a semana e você não fala com agência. Resolvemos entre nós.

— Ainda temos que filmar as cenas da boate e as coisas da segunda unidade — disse Hadley. — Talvez Irina possa fazer uma das prostitutas?

Reed não parecia muito satisfeito.

— Precisamos de alguns figurantes...

— *Niet*! — Irina interrompeu com firmeza. — Preciso de papel com fala. Posso perder sotaque, não é problema.

— Mas você nem sabe atuar! — protestou Hadley, esquecendo-se de que sua felicidade futura estava nas mãos de Irina.

Não sabia atuar? Há meses interpretava a menina linda diante das câmeras. Fingindo estar completamente feliz, sexy ou absolutamente apaixonada pelas roupas estranhas que estava usando, dependendo do que o fotógrafo queria. Era tão boa atriz que deveria ganhar um Oscar.

– Não é difícil! – Irina pronunciou com alegria enquanto Hadley demonstrava indignação. – Posso ser boa. Não quer parecer idiota.

– Ouça, por que isso? – perguntou Reed, a voz mais gentil agora que se desfazia do olhar enojado e inclinava a cabeça como se esperasse que Irina desabafasse. – Está tudo bem?

Irina revirou os olhos.

– Tudo bem. Não sou modelo para sempre, preciso começar a diversificar meus talentos. – Não sabia exatamente o que significava "diversificar", mas nenhum dos dois estava sorrindo, então a palavra devia estar correta. Irina não podia suportar ficar ali mais um segundo com os dois olhando como se ela fosse algo que tivesse saído do lixão local e estivesse liberando um odor desagradável. – Deixo vocês resolverem detalhes e trabalho qualquer dia nas próximas duas semanas. – Saiu do quarto antes mesmo de concluir a frase. O senhor Chow Chow decidiu ir com ela e Irina poderia se enrolar na cama enquanto ele se aconchegava e ela acariciava sua pele enrugada. Por que não poderia ter pelo como um cachorro normal?

Pelo barulho, Hadley e Reed estavam tendo a maior briga de todos os tempos. Podia ouvi-los gritando através da parede, apesar de ser difícil compreender direito, até Hadley gritar:

– Bem, ela não é mais minha amiga! E se for me maltratar, pode fazer isso em outro lugar.

Cinco segundos depois, a porta da frente bateu com tanta força que o apartamento inteiro tremeu. E quinze segundos mais tarde as paredes balançaram outra vez quando Hadley bateu a porta do banheiro atrás de si.

Ela surgiu três horas depois, rosa e com olhos suspeitamente vermelhos. Irina estava jogada na frente da TV, assistindo a um programa de entrevistas, e Hadley sentou-se e cruzou os braços.

– Sabe, se queria um papel no filme, bastava pedir – disse suavemente. – Não precisava bancar a chantagista.

Irina não sabia que Hadley podia fingir uma dignidade quieta; era muito boa nisso. Além disso, e ainda mais irritante, tinha razão.

– Tenho de considerar todas as possibilidades, é só... – murmurou, sem olhar para a outra menina. – Há seis meses você fingiu namorar menino gay só para aparecer nos jornais, então não adianta se irritar tanto com as coisas.

Hadley se levantou.

– Eu cresci muito como pessoa nos últimos seis meses – informou orgulhosa a Irina. – E de qualquer jeito, eu estava no fundo do poço. Você é uma top model de sucesso. Não precisava ser tão cruel.

Realmente não precisava, mas era tarde demais para recuar agora.

– Esqueça – aconselhou severamente a Hadley. – Não é como se fosse seu problema. Agora cale a boca, estou tentando ver televisão.

Hadley bufou algumas vezes antes de sair da sala com um floreio majestoso do roupão de banho. Colocou a cabeça pela porta um minuto depois.

– Não vai contar para Candy, vai? – perguntou ansiosa.

Irina não ia dizer nada a Candy, pois Hadley tinha um jeito de morder preocupada o lábio inferior e contrair as sobrancelhas, que tocava o coração até de Irina. Desejou que ele se comportasse e voltasse a seu estado normal de pedra.

— Entro no filme e até assino papel prometendo nunca falar — ofereceu, como se estivesse fazendo um grande favor a Hadley.
Hadley obviamente discordava.
— Tenho muita pena de você, Irina — disse entristecida. — Claramente tem sérios problemas de autoestima.
— Não deixe a porta acertá-la na saída — foi tudo que Irina conseguiu em resposta.

Irina havia tido uma vaga ideia de que interpretaria uma prostituta glamorosa, até chegar para o primeiro dia de filmagens e a maquiadora começar a pintar marcas de pico em seus braços. Levaram horas para conseguir o visual desejado — como se Irina tivesse passado o tempo todo em esquinas fazendo truques, e não tivesse uma conta com um *spa* em Bloomsbury e uma esteticista particular. O figurino foi outro exercício de humilhação, e consistia de um top rosa neon e jeans quentes com botas brancas até o joelho. Entretanto, a pior coisa do papel era ser dirigida por Reed.
Ele estava regiamente irritado com ela. Irina já havia entendido. No entanto, só quando ele explicou o papel de Anita, a prostituta adolescente do Kosovo, que percebeu o quanto ele não gostava dela. A boa notícia era que tinha quatro dias de filmagem e crédito no filme. A má era que Anita era uma prostituta viciada terrível e ardilosa que tinha uma briga berrante com seu cafetão antes de ser jogada do alto de um estacionamento de dez andares. Reed deixou bem claro que preferia não usar dublê naquela cena.
Hadley também não estava satisfeita com o papel de Irina.
— Não é um retrato feminino muito positivo — reclamou quando recebeu o *script* revisado. — Tenho de ser um exemplo e não fica bem se minha personagem se relaciona com prostitutas viciadas.
O rosto de Reed ficou muito vermelho. Então ele e Hadley tiveram outra briga, que não era culpa de Irina, apesar de Hadley achar que era.

– Nunca mais peço pizza para você – sibilou para Irina enquanto esperavam ser chamadas para a primeira cena.

No campo das ameaças, era bem branda, então Irina ignorou Hadley e se concentrou em se lembrar da primeira fala, que começava com a frase imortal:

– Os porcos me pegaram ontem à noite.

Reed gritou muito pelo megafone, e era muito difícil deitar no asfalto frio e molhado e se fingir de morta, mas Irina não se importava em sofrer por sua arte. Ou pela arte de Reed. Ou pela chance de participar de um filme de verdade que talvez até saísse em DVD. E não se importava em voltar para casa toda noite e ensaiar as cenas até ficar o mais perfeita possível. No fim das contas ela acabou sendo razoavelmente bem-sucedida em não ser péssima.

– Foi melhor do que imaginei que seria – Reed admitiu relutante, quando Irina acabou a cena final. – Kate Winslet não vai perder o sono, mas você não se saiu mal.

– Eu sei – Irina disse curta e grossa. – Sempre faço bom trabalho.

– Bem, ainda é uma das pessoas de quem menos gosto no mundo – fungou Reed, mas depois sorriu, e Irina entendeu porque Hadley ficava com cara de quem estava sonhando quando falava nele, apesar de ser parente de sangue de Candy.

– Fez um bom trabalho. E se contar para minha irmã sobre mim e Had, arrumo alguém para jogá-la do alto de um edifício-garagem de dez andares de verdade – acrescentou, mas Irina não se abalou. Comparado a Ted quando estava irritado, Reed não passava de um bichano fofo.

Capítulo Vinte

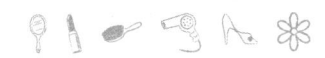

Irina girou sem propósito em uma das cadeiras de couro pretas da sala de conferência da Fierce enquanto esperava pelo primeiro encontro com Ted em duas semanas. Obviamente ainda estava em baixa se ele não abrisse a carteira para levá-la para tomar café da manhã.

Irina ainda estava furiosa com o assunto da Siren. E continuava rezando para que as curvas fossem para o lixo da moda junto com saias bubble e bolinhas. Contudo, se Ted queria que ela fosse toda doçura e leveza, então seria. Ou *tentaria*. Desde que nenhuma outra garota atravessasse seu caminho.

– Que parte de "afastá-la" você não entendeu? – Ted perguntou da entrada, interrompendo sua contemplação a um prego na parede.

– Entendi tudo – disse Irina, olhando cuidadosamente para o rosto dele. Não estava com os lábios todos rígidos, mas os olhos estavam bem duros atrás dos óculos. – Você não arrumou trabalho em quinze dias.

– Então por que estou ouvindo um monte de coisas sobre seu primeiro papel no cinema?

Não sorrir exigiu muita força de vontade.

– Você não arrumou isso, eu arrumei – respondeu Irina. – E não ganha parte do meu pagamento também. – Isso saiu antes que pudesse conter, mas recebeu apenas 400 libras por dia.

— Você é inacreditável — Ted se lamentou, mas suas palavras não tinham pegada. — Ao menos arrumou um registro com isso?
— O que é um registro?
Ted suspirou e fez uma anotação no Blackberry.
— Vou arrumar alguém do ramo de TV e Filmes para resolver isso. E quando não estava desobedecendo expressamente as minhas ordens, gostou da folga?
Irina não havia gostado nem um pouco. Na Rússia, se tivesse tido duas semanas com TV via satélite e tanta comida quanto pudesse trazer de Sainsbury, teria ficado feliz como um porco caçando trufas. No entanto, atualmente seus parâmetros de felicidade eram mais difíceis de definir. Além disso, havia uma cota de episódios de *Extreme Makeover Home Edition* que podia tolerar.
— Foi bem — Irina disse timidamente.
— Então quer voltar ao trabalho?
Queria mais do que tudo, mas Irina não iria agir com desespero e gratidão.
— Acho que quero.
Ted não estava se aprontando com listas e itinerários, e sim cruzando os braços.
— Se tiver um trabalho, vai chegar na hora. Será educada e agradável com todos no *set*, mesmo que a mãe do estilista júnior apareça de surpresa. Não vai discutir sobre a maquiagem, as roupas ou a direção. Não vai estapear, empurrar ou intimidar as outras modelos de maneira alguma, e se eu receber mais uma reclamação sobre você, querida, está acabada.
Irina abriu a boca para argumentar, mas Ted levantou a mão porque não havia acabado de detoná-la.
— E antes de começar a cantar aquela canção sobre procurar outra agência, acredite em mim quando digo que estarei ao telefone com todos os agentes da cidade antes mesmo que deixe o

prédio. Terá sorte se conseguir um emprego distribuindo latas de comida de cachorro na exposição canina.

"Parabéns a Ted por ser tão cruel", pensou Irina, aliviada por estar com os olhos secos e sem expressão durante a tirada. Poderia se contorcer mais tarde.

– Tudo bem – disse calmamente. – Tento me comportar o melhor que possa. Mas você errou em indicar Laura para trabalho Siren. Recebeu preparo extra. – Irina sabia disso com certeza porque Heidi, a antiga agente de Laura, contou para Sofia, que contou para Oksana, que contou para Famke, que contou para Irina, então só podia ser verdade. – Teria sido minha maior campanha, e sabe o que mais? Tenho mais seis meses, depois acabo.

Ted ergueu uma sobrancelha.

– Tudo bem, registrado. Mas sem querer soar trágico, o que acontece em seis meses?

Ted bancando o idiota era exatamente o tipo de coisa que garantia que Irina perdesse a calma, mas conseguiu cerrar os dentes e contar até dez. Bem, cinco.

– Outro bando de garotas vem, ou curvas continuam, e eu ainda sou afiada demais e só faço editoriais e não consigo nada comercial – Irina soltou em uma onda irritada.

– Pelo amor de Deus, Irina, você tem o tipo de visual estonteante que nunca sai de moda! – irritou-se Ted. – Por que você acha que fico tão irritado quando você apronta como aprontou em Milão? É isso que vai acabar com a sua carreira, não sua aparência. As pessoas sempre vão querer olhar para você.

– Prefiro ser bonita a ser estonteante – Irina sussurrou baixinho, e ficou semialiviada por Ted não ter ouvido.

– Então vamos virar a página e ser amigos novamente, tudo bem? – prosseguiu. – Não gosto de ter de conduzi-la o tempo todo.

— *Já?* Achei que gosta — Irina sorriu, pois ter Ted do seu lado era melhor do que tê-lo no lado de Laura. — Sim, amigos.

Ted abriu a pasta preta de documentos que trouxera consigo.

— Ótimo, pois só mando amigos para Nova York por algumas semanas...

Geralmente quando Irina ia para Nova York era por alguns dias, quando não havia tempo para se fazer nada além de correr para visitas e sessões. No entanto, algumas semanas era um bom tempo para sentir o lugar que chamaria de casa um dia.

— Por mim tudo bem. — Irina esticou o pescoço para tentar ler o papel que Ted estava segurando.

— Vai haver muitas visitas e reuniões com clientes em potencial, então você precisa ser um raiozinho de sol — alertou. — Mas já foi agendada para alguns trabalhos incríveis. Aqui, veja...

Irina passou os olhos pela folha de papel. Havia uma filmagem de três dias para um videoclipe com uma banda da qual nunca tinha ouvido falar, um desfile de caridade, editorial de moda, editorial de moda, e mais um editorial de moda, depois Paris para uma sessão para a *Vogue*...

Tudo que Irina viu foi o nome do fotógrafo em letras pretas grandes.

— A sessão em Paris é com Aaron? — esclareceu.

Ted sorriu de um jeito manhoso.

— E seu assistente charmoso, Javier.

— Aquele imbecil! — durante o período de folga, ela tinha conseguido não superar Javier, apesar de ele ter enviado uma mensagem de texto: SOUBE QUE FOI AFASTADA. VOCÊ ESTÁ BEM?, ela respondeu com um curto: MORRA, BABACA.

— Irina, acho que é o momento certo de dizer que queremos que se consulte com um especialista em controle de raiva — Ted advertiu, apesar de que nunca seria o momento certo para ouvir isso. — Seja como for, achei que você e Javier estivessem firmes.

— Achou errado. — Irina não conseguiu conter um pequeno beiço. Era típico, mesmo algo enorme e maravilhoso como uma sessão com a *Vogue Francesa* vinha com uma porcaria no pacote. — Não que me importe. Estou muito ocupada trabalhando para preocupar com bonitinhos idiotas.

— Alguma coisa que queira me contar como amigo? — Ted perguntou gentilmente, mas Irina viu o entusiasmo denunciado em seu rosto. Ted era um tremendo fofoqueiro.

— Não, saímos um pouco, mas ele é uma pessoa muito superficial — Irina disse secamente. — Sem espinha dorsal, sem coragem.

E isso era tudo que tinha a dizer sobre o assunto. Principalmente porque havia coisas muito mais importantes sobre as quais se conversar, como por que Ted deveria acrescentar uma cláusula em seus contratos proibindo que as pessoas pedissem que colocasse filés de frango no sutiã.

Capítulo Vinte e Um

Enquanto Irina era conduzida pela George Washington Bridge a caminho da filmagem do clipe em Nova Jérsei, olhou melancólica para o telefone de Javier em seu Blackberry. Era estranho pensar que ele provavelmente estava em algum lugar perto nesta ilhota – apesar de que podia estar do outro lado do mundo. E também era estranho que Irina vivesse sentindo um monte de coisas estranhas sobre a aventura dos dois não ter vingado. Como se estivesse com saudade ou coisa do tipo, o que era uma loucura.

Irina suspirou de forma exagerada, depois colocou os fones do iPod para que pudesse ouvir a música que tinha sido enviada pela gravadora.

A banda se chamava Os Hormônios e representavam tudo o que não gostava em música. A letra choramingava um monte de besteira aleatória e não tinha uma batida dançável. Pegou o kit de imprensa e examinou as fotos dos quatro Hormônios, duas meninas e dois meninos, que estavam vestidos de preto e olhando para ela.

Ótimo. Teria de passar três dias com estes perdedores.

Na metade do segundo dia de filmagem, Irina estava pronta para arrancar as orelhas. Assim jamais precisaria ouvir aquela música horrorosa outra vez ou escutar os Hormônios brigando entre si. Perto deles Irina parecia como Miss Simpatia.

— Esta música é horrível – disse a Bob, o maquiador, enquanto entravam para se esconder no camarim esfriado do depósito. Ao menos aqui não havia Hormônios e muitos aquecedores. Além disso, Bob sempre tinha muita fofoca sobre outras modelos e um esconderijo secreto de chocolate, ambas as coisas dividia com prazer.

Irina precisava manter os níveis de energia. Deitar na cama com uma lingerie chique e uma expressão arrogante enquanto o vocalista do Hormônios, Dean, se debatia no chão como se tivesse acabado de ser eletrocutado, era exaustivo.

— Eu sei... – Bob murmurou sombriamente. – E a letra não fazia o menor sentido. Não pode rimar "Cadillac" com "ataque". *Por favor*.

— Era isso? Não entendo com tanto grito – disse Irina, se aquecendo enquanto subia na bancada e balançava as pernas. – E aquela parte no meio parece uma pessoa arranhando as unhas no quadro negro. Esta banda, *ja*, tem algum fã?

— Mais ou menos cinco milhões, de acordo com as vendas de CDs! – disse uma voz furiosa na entrada. A cabeça de Irina virou para ver o empresário dos Hormônios ali parado, com Dean atrás. – Quem diabos você pensa que é?

Não tinha uma resposta apropriada que pudesse pacificar o homem irritado, que passava o tempo todo gritando com as pessoas, quando não estava gritando ao telefone.

— Falo de outra banda – Irina mentiu apressadamente.

— Mentira! Acabou de perder o emprego, foi isso que fez. Estou demitindo-a.

Ted ia matá-la. Depois Erin cortaria seu corpo em pedacinhos e espalharia tudo por Nova York.

— Por favor, não – implorou, detestando o choramingo entalado na garganta. – Não é verdade.

— Problema – disse o empresário. – Vou ligar para sua agência e me certificar de que nunca mais trabalhe nesta cidade.

Se fosse esse o caso, então Irina decidiu que não tinha problema pular do balcão e acabar com aquele homem horrível.

– Não pode demiti-la – disse Dean. – Já filmamos metade do clipe e não vou passar mais tempo ainda nesta porcaria de freezer enquanto refazemos.

– Ninguém fala assim de vocês! – o empresário insistiu impiedosamente. – Muito menos uma modelinho que mal fala inglês.

Isso doeu. Irina falava inglês melhor do que ele, mas Bob colocou uma mão em alerta em seu braço quando abriu a boca para dizer isso a ele.

– Sinto muito – ela disse acanhada, de cabeça baixa. – Prometo não acontece outra vez.

O empresário já havia pegado o telefone e pausado com o dedo no teclado.

– Qual é mesmo o número da sua agência? – perguntou.

– Ah, não encha, Paul! – disparou Dean. – Deixe de ser babaca! Já disse que sente muito, e a música *é* uma bosta e todos nós sabemos.

– A música não é uma bosta – Paul disse fortemente, mas estava guardando o telefone no bolso do terno. – Passou muito bem por testes nos grupos focais. Ótima para o rádio; vai ter ótimo desempenho no mercado asiático.

– Ah, bom. Então me desculpe! – disparou Dean, mas a atenção de Paul já havia sido distraída por um técnico de filmagem infeliz fazendo algo que reprovava.

– Meus Deus! – explodiu irritado, saindo de lá. – Todos aqui são idiotas completos?

Bobby e Irina trocaram olhares entretidos sem dizer nada, enquanto Dean continuava pela porta.

– Peço desculpas por ele... – murmurou. – Gosta de gesticular.

Irina já havia preenchido a cota de encrenca do dia, então pegou uma revista e emitiu um ruído descomprometido. Que não deveria encorajar Dean a sentar em um dos bancos.

Candy e Laura amavam Dean. Amavam-no com uma paixão que beirava a bizarrice. Até colocaram a foto dele no quadro da cozinha para poderem dar beijinhos no rosto dele. No entanto, não mexia com Irina. Era esguio, mal arranjado, e emo *demais* para ela.

— É legal que diga o que pensa — observou casualmente. — Porque aquela música? Três minutos de poluição sonora tóxica. Nossas músicas costumavam ter melodias, refrãos e batidas dançáveis.

— Talvez devesse demitir o empresário? — sugeriu silenciosamente, caso o empresário voltasse.

— É, bem, eu faria isso, mas assinei minha vida para ele há muitos anos. — Dean esfregou a traseira da mão no olho e olhou em volta. — Essa é a Candy Careless? — apontou para a capa da revista de Irina. — Meu Deus, detesto essa garota.

— Sério? Ela mora comigo — Irina disse de forma neutra. Será que havia mais em Dean do que jeans apertados e muita barba por fazer?

— Então minhas sinceras condolências — disse sem qualquer ponta de vergonha, e isso definitivamente a fez abaixar a revista.

— É um inferno viver com ela — confidenciou Irina. — *Yap, yap, yap* o dia inteiro, e é tão mandona e grossa. E faz vestidos horríveis que só pessoas cegas poderiam querer usar.

Dean deu de ombros.

— Encontrei com ela uma vez em uma festa, e passou a noite inteira me dizendo o fardo que era ser famosa, exceto quando estava me empurrando para tirarem sua foto.

A banda podia ser ruim como limão, mas talvez Dean não fosse tão mau afinal.

Capítulo Vinte e Dois

No dia seguinte, depois que encerraram o clipe, Dean chamou Irina para ir para casa com ele. E ela disse sim.

A atmosfera no depósito tinha ficado mais tensa na medida em que a filmagem progredia. Fora das câmeras, os quatro Hormônios se mantinham o mais distante possível. Até Sandrine, que Bob dizia ser a namorada de Dean.

Sandrine não parecia namorada de Dean; passava o tempo todo em cima do empresário, Paul, pedindo mais tempo de câmera do que os outros. Depois teve o momento depois do almoço no terceiro dia, em que ela tirou a camisa e chamou Irina para admirar seus peitos novos.

– Não dá nem para ver as cicatrizes – disse. – Vá em frente, pode cutucar. Não são tão duros, são? Deveria fazer os seus, você é lisa como uma tábua.

Irina colocou mãos protetoras sobre os seios 34AA.

– Nunca caibo nas roupas com dois balões no peito – resmungou, mas Sandrine apenas riu.

– Homens adoram mulheres com curvas! – declarou alegremente, antes de sair e praticamente sentar no colo de Paul e mexer o cabelo.

Os outros dois, T e Tara, estavam sentados em lados opostos do sofá, ouvindo os respectivos iPods, e Dean estava no camarim com Irina e Bob.

Depois, quando a filmagem acabou, ficou em pânico. Como se não quisesse ir embora. Que foi quando Dean pediu para Irina ir com ele.

– Tenho PlayStation, Nintendo DS, ou podemos assistir a alguns DVDs. E tem um restaurante chinês muito bom a alguns quarteirões, então podemos pedir comida. Ou, se quiser... – enrolou com todos os atrativos diferentes, até Irina perceber o problema dele.

Dean era solitário. O astro do rock famoso e bem-sucedido que tinha meninas do mundo inteiro dando beijos em fotos suas não queria voltar para casa, para o próprio apartamento vazio. Irina entendia, também não gostava de ir para hotéis vazios. Então funcionou bem. E se Javier não a queria, então parece que havia muitos outros que sim.

Dean morava na cobertura de um armazém no Distrito de Meatpacking, a apenas alguns quarteirões do condomínio do estúdio Industria, onde Irina fazia muitas de suas sessões quando estava em Nova York.

Subiram até o quinto andar em um velho elevador e saíram em um espaço grande e vazio que era cheio de metais expostos e tijolos. Irina tinha achado que seria mais estiloso e confortável, com carpetes de pelúcia e um sofá grande em vez dos assentos de couro preto, que pareciam que iriam causar uma severa curvatura na espinha de qualquer um que ousasse sentar.

– Fique à vontade – Dean disse, enquanto ia para a área da cozinha. – Quer beber alguma coisa?

Irina tirou os sapatos, afundou em uma pilha de almofadas no chão, e colocou o jogo do Grand Theft Auto no PlayStation. As duas horas seguintes foram algumas das melhores da vida de Irina. Roubaram ambulâncias, brigaram com traficantes, comeram frango chinês e rolinho primavera, ouviram o novo CD do Timbaland, e descobriram que tinham muito mais em comum do que o ódio a Candy Careless.

– É como se todos agissem como se eu fosse alguma coisa especial porque sou de uma banda que, por algum acaso estranho, se tornou famosa, mas continuo me sentindo o mesmo garoto magricela de Southport – Dean disse, após a terceira garrafa de cerveja. – Sempre tenho a sensação de que alguém vai me cutucar no ombro, apontar para a saída e dizer que foi tudo um engano, sabe?

Irina sabia.

– E passa a vida inteira ouvindo que é inútil e tudo muda em um segundo e tem de lidar com isso. Ganho mais em uma semana do que minha mãe em um ano. É errado. – Ainda tinha um vago senso de desconforto quando falava na mãe, mas Irina segurou com alguns rolinhos primavera.

– Não sei – Dean dizia. – Pelo menos ser famoso é melhor do que quando trabalhava no McDonald's. Por que está me olhando desse jeito?

Dean havia se transformado em um Big Mac diante dos olhos dela.

– Se não sou modelo, trabalhar em McDonald's seria o melhor emprego no mundo. Dão comida de graça, *ja*?

– Dão, mas não compensa ter de limpar a grelha, ou vomitar vômito de criança da área de brincadeira depois de uma festa de aniversário – Dean sorriu. – Ah, acabou de atirar em uma viatura.

Irina franziu o rosto quando as sirenes começaram a tocar em som de alta definição. Fez seu jogador correr em um campo para se esconder atrás de uma cabana, antes de pausar e voltar-se para Dean.

— Então, vamos fazer ou não? — disse sem rodeios.

— Bem, tudo bem, eu acho... — Dean respondeu cautelosamente, abaixando o controle.

Ele se arrastou para onde Irina estava apoiada no sofá, enquanto ela ainda lambia os lábios para se certificar de que não havia migalhas, e a beijou.

Dean beijava bem, pela pouca experiência de Irina. Sabia executar todas as provocações; muitas mordidinhas, chupadinhas e tudo mais. Irina estava ficando com o pescoço doído, então escorregou ainda mais para as almofadas e esfregou as mãos pelas costas de Dean. Era estranho o fato de não parecer ter tido qualquer faísca entre os dois quando passaram o dia quase todo se beijando para as câmeras.

— Espere... — Dean murmurou na boca dela, antes de recuar para poder tirar a camisa. Irina desviou os olhos, ele era muito magro e pálido. Mais magro que ela, e Irina poderia ter contado todas as suas costelas facilmente. Em vez disso, tirou a própria camisa, pegou a mão de Dean e a colocou em seu peito, antes de puxá-lo outra vez.

Mas era como dois gravetos se esfregando, exceto que não havia fogo, apenas ossos batendo dolorosamente, e a sensação vertiginosa e forte que tinha quando beijava Javier não estava em lugar nenhum. Obviamente estava fazendo alguma coisa errada, pensou, enquanto Dean beijava seu pescoço. Revisou uma lista mental de manobras, mas havia feito tudo direitinho, então a razão pela qual toda a contorção e os beijos não estavam levando a nada era um mistério.

E, num último esforço para colocar as coisas de volta no trilho, Irina deslizou a mão para verificar se Dean tinha tudo funcionando. Tinha, exceto que...

— Não sou gostosa?! — perguntou furiosa, afastando-se dele para que pudesse sentar e cruzar os braços. — Não me acha sexy? Dean se sentou e abraçou os joelhos.
— Claro, você é gostosa! — protestou. — É muito gostosa! Tem pernas incríveis e é modelo. — Balançou a cabeça violentamente, como se estivesse tentando deslocar alguns neurônios. — Ouça, não é você. Eu devo ter bebido demais.
— Só bebeu duas cervejas e meia — Irina lembrou friamente. Podia sentir cada centímetro do corpo enrubescendo, e normalmente nunca ficava vermelha. Mas ser considerada pouca coisa por um magrelo com cabelo ruim provocava essa reação. — São meus peitos, pequenos demais? Meu rosto não é bonito...
— Não, não, você é linda! — Dean assegurou apressadamente, antes de desviar o olhar. — Não posso acreditar que isso esteja acontecendo. — E enquanto Irina estava decidindo se se vestia ou gritava com ele, Dean lutou para se levantar para poder correr até o banheiro e bater a porta.

Irina se vestiu com movimentos bruscos, chutando a lateral do sofá em frustração. Quando Dean surgiu com o rosto pálido, ela estava pulando de um pé só, segurando os dedos machucados.
— Não se preocupa, vou em cinco segundos — disse para ele, que obviamente não a queria ali. E ela queria menos ainda. Estava louca se achava que podia transar com um astro do rock só porque era modelo. Ser modelo não mudava nada. Ela não havia mudado.
— Não é você... — suspirou Dean, sentando em uma cadeira. — Sou eu. De verdade! Se eu tivesse algum controle sobre a situação, nós agora estaríamos pendurados na luz.

Irina olhou para o objeto metálico pontudo, que não parecia capaz de sustentar o peso dos dois juntos.
— Que seja.

Dean colocou a cabeça nas mãos e murmurou alguma coisa que Irina não conseguiu entender.

– O que foi? – rosnou. – O que diz? – podia apostar os novos tênis Nike que era algum comentário sobre como era uma tábua, feia ou parecia um menino.

Dean suspirou outra vez.

– Tomo antidepressivos – admitiu pelo canto da boca. – Matam o impulso. Mas você é tão linda que achei que conseguisse. Sempre gostei de meninas agressivas, você sabe.

Não, Irina não sabia. Olhou ao redor do apartamento e todos os móveis de marca e aparelhos tecnológicos.

– O que tem para deprimi-lo?

– Ah, pouca coisa. Só todos os aspectos da minha vida... – Dean olhou para um nó no chão de madeira. Havia algo tão parado nele, tão distante, como se estivesse olhando para uma foto em vez de para uma pessoa de carne e osso. Geralmente Irina não tinha solidariedade, e detestava quem tinha, mas Dean parecia um cachorrinho abandonado na beira da estrada.

– Não é à toa que suas músicas são tão melosas – foi o que se ouviu dizer, mas fez Dean sorrir.

– Devia ter escutado antes de eu começar a tomar Prozac – falou pausadamente, soando um pouco mais como o músico arrogante que tinha visto na filmagem quando discutia com o diretor sobre os ângulos da câmera.

– Olha, se faz se sentir melhor, não gosto muito de você. Mas acho que devo, então dou o primeiro passo. E você beija bem, mas eu também não estava sentindo. – Dean deveria ter ficado aliviado, mas ficou com o rosto mais e mais sombrio, até Irina se preocupar com a possibilidade de ele se atirar em um facão de cozinha. Os antidepressivos obviamente não estavam funcionando.

– Irina?

— O quê?

— Realmente não gosta de mim?

Ela cacarejou, porque agora Dean parecia desolado por haver uma garota de verdade em seu apartamento que não queria pular em cima dele.

— Não é tão bonito ao vivo — Irina disse a Dean, pois alguém tinha de fazê-lo. Era péssima em confortar os outros, mas talvez ele precisasse de alguém que falasse a verdade. — Seu nariz é torto e os traços desproporcionais, e seu cabelo tem cheiro engraçado.

Os lábios de Dean se curvaram.

— E você não me excitou, nem enquanto nos beijávamos, apesar de isso poder ser apenas um efeito colateral. Se abandonar as drogas, talvez podemos tentar outra vez? — Ele a olhou fixamente até Irina ser forçada a pegar uma almofada de couro e atingi-lo na cabeça.

— Não, você tem uma chance de entrar nas minhas calças — disse firmemente. — Agora somos amigos, *ja*? Legal?

— É, acho que seria legal se fôssemos amigos — disse Dean, e agora o sorriso não estava tão gasto nas bordas.

Irina revirou os olhos.

— Já disse isso. Então somos amigos, significa que me dá último rolinho primavera.

Não esperou pela resposta, o pegou e colocou na boca. Dean se levantou e esfregou a calça para limpá-la das migalhas imaginárias.

— Acho que precisamos de mais cerveja — ele disse, em seguida hesitou. — Não vai contar para ninguém sobre os remédios e meus, hum, problemas de performance?

Era um pouco ofensivo que até precisasse perguntar.

— Somos amigos — destacou. — Não deduro amigos. Nunca.

Dean tentou parecer convencido, mas não estava tendo sucesso. Irina tentou novamente.

– Quando volto para Londres, minha agência me faz consultar especialista em controle de raiva – respirou fundo, porque não precisava ver ninguém, mas Ted insistia. – Todo mundo tem próprios problemas. Você não é especial.

Dean lançou um sorriso que podia ser uma das razões pelas quais o Sol nascia e havia estrelas no céu.

– Obrigado por isso – disse quieto, e Irina olhou para ele, ele retribuiu o olhar e, sim, se entendiam totalmente.

Capítulo Vinte e Três

Não durou muito, quando Irina estava no meio da Gansevoort Street, tentando chamar um táxi, que decidiu que aquela coisa toda de amigo tinha sido apenas o resultado de muita cerveja, solidão e rolinho primavera.

Dean tinha uma banda, o que Candy dizia que automaticamente tornava as pessoas legais, mesmo que a música fosse uma droga. A não ser que tocassem country ou sertanejo, neste caso, sem chance. E ele tinha uma namorada, mesmo que Sandrine fosse uma vadia com peitos falsos. Em resumo, Irina jamais teria notícia dele outra vez. Contudo, caso se encontrassem em um aeroporto, ela o cumprimentaria. Irina sorriu para si mesma e entrou em um táxi. Estava ficando chique.

Mas no dia seguinte, enquanto sentava em uma saída de incêndio tomando Coca-Cola e esperando que o fotógrafo parasse de falar sobre cores, Dean ligou.

– Oi, Rina – disse. – Tem uma festa de lançamento de uma boate qualquer no Lower East Side hoje à noite. Coloco seu nome na porta?

Era uma decisão difícil. Ficar no quarto de hotel vendo filmes em *pay per view*, sair com meninas russas e ouvir sobre suas últimas tentativas de transar com banqueiros ou ir a uma inauguração de boate com seu novo melhor amigo.

— Coloca, mande os detalhes por mensagem.
— Legal.
— Legal.

E então desligou. Todo o diálogo durou menos de um minuto. Era tão diferente das vezes em que pensava seriamente se devia ligar para Javier e perguntar se ele queria sair. Ele quase nunca ligava para ela. E quando, finalmente, o conseguia no telefone, ele resmungava, era monossilábico e basicamente a fazia dar duro para conseguir algumas horas de sua companhia.

Irina estava muito melhor sem ele.

A primeira coisa que Irina viu quando entrou na Real na Avenue A foi Candy, com uma equipe de filmagens a tiracolo. Tinha uma criação rosa estranha na cabeça que talvez tivesse sido um chapéu em outra vida.

Irina assistiu com interesse enquanto Candy cumprimentava diversas pessoas descoladas, cheios de maçãs do rosto e calças justas. Não era de dar crédito a Candy, mas o que faltava em altura sobrava em carisma. Mesmo que tirasse a equipe de filmagem e o enfeite estranho de cabeça da equação, ela iluminava o recinto. Era estranho. Irina estava tão acostumada a Candy sendo uma presença irritante e alta no apartamento, que esquecia que ela tinha esta outra vida, cujos detalhes eram um pouco nebulosos.

Mas era assim que Irina gostava, então, dando um largo espaço para a outra menina, deu uma rápida varrida na boate. As pessoas ainda olhavam para ela, mas não era como nos velhos tempos, quando tinha roupas gastas e parecia uma aberração magricela. Ainda parecia uma aberração magricela, mas estava com um vestidinho cinza Azzedine Alaia e tinha uma bolsa de 1.000 dólares no ombro, então as pessoas automaticamente presumiam que fosse uma modelo de sucesso.

— Tem contrato com a Fierce... — Irina ouviu uma menina murmurando com inveja para a amiga ao passar por elas. — Que pernas enormes.

Era a injeção de ânimo da qual precisava enquanto procurava em vão por Dean. Achou que o tivesse visto perto da cabine do DJ, mas foi parada no meio do caminho por uma mulher loura desgrenhada que parecia vagamente familiar.

— Você parece uma Penelope Tree eslava — informou a Irina, antes de tomar um gole grande do drinque. — Realmente tem os olhos mais maliciosos. Candy nunca disse...

— Mã-*e*, o que você está fazendo? — com Candy aparecendo repentinamente como palhaço em uma caixa, a semelhança era clara. — Disse para não falar com ninguém.

Isto era como Natal, aniversário e dia santo ao mesmo tempo.

— Você deve ser Bette — Irina disse educadamente, o que foi um esforço tremendo. — Candy não para de falar em você.

Não havia dito nada diretamente a Irina, mas tinha havido denúncias amargas, longas e obscenas sobre as cirurgias plásticas de Bette, seus fracassos como exemplo, e sua burrice completa, que Irina não pôde deixar de ouvir.

Bette sorriu. Não era nada mal para uma velha e, antigamente, devia ser lindíssima. Pena que Candy não havia herdado a aparência ou a personalidade agradável.

— Fala? — perguntou ansiosa a Irina.

— Fala, o tempo todo. — Irina passou os olhos pelas feições delicadas de Bette. — Não acho que cirurgião estragou nada o seu nariz.

— Vá se ferrar, Irina! — rosnou Candy, com uma mão no pulso da mãe enquanto tentava arrastá-la para longe. — Ela é russa, não entende metade do que diz.

— Quando se chega à minha idade, às vezes é preciso uma ajudinha — disse Bette, como se Candy não tivesse falado. — Sei que estrelas do rock não devem fazer Botox...

— O papai é que é o astro, você é só a parasita, mãe...

— Mas todas aquelas noites tocando em clubes encardidos surtiram efeito — prosseguiu Bette. — E eu fumava quarenta por dia, o que causa rugas em volta da boca.

Candy estava arfando tanto, que Irina se surpreendeu por não ter flutuado do chão.

— Você é linda — disse, e nem foi para irritar Candy. Mas irritou, e foi um bônus. — Minha mãe só tem trinta e oito, mas parece muito velha. Muito, muito velha. — E sua mãe apontava cada ruga e cabelo grisalho e dizia a Irina que a culpada era ela.

Bette envaideceu-se um pouco.

— Antes de fazermos o programa de TV, as pessoas pensavam que eu e Candy éramos irmãs.

— Não pensavam não. Como pode ser tão iludida?

— Eu jamais iria para a boate com minha mãe — disse Irina. — Nunca a deixariam passar pela porta. Mas se ela parece com você, então não seria problema.

— Você é adorável, e tão linda. Quanto tempo vai passar na cidade, pois deveríamos almoçar? — Bette já estava pegando o Blackberry. — Dê seu número, querida.

Irina não havia dito nem os três primeiros números quando Candy puxou Bette.

— Por que você sempre faz isso?! — gritou, enquanto Irina deslizava em deleite. Como a noite poderia melhorar?

Meia hora depois, após conversar com uma modelo polonesa que havia conhecido no desfile Dries Van Noten e disse a uma garota que fazia *Ugly Betty* onde havia comprado os sapatos, Irina percebeu que ainda estava se divertindo. Entretanto, teria ficado bem sem todos aqueles meninos indo até ela, como roedores tentando pular de um penhasco. Cada um tinha uma cantada pior que a do último, mas todos começavam do mesmo jeito: "Você é modelo?", "Você é um idiota completo?", era a única resposta adequada. Não importava *quem* Irina era, mas *o quê*. Um cabide de 5.000 libras por dia de repente a tornava uma candidata perfeita para caras que precisavam de uma garota em quem babar.

O quinto garoto foi mais persistente que os outros. Batia apenas no queixo de Irina, mas desviou das pisadas e não aceitou "não encha" como resposta.

— Então, lancei minha primeira arrancada na internet aos dezesseis anos — entoou sobre a música. — E vendi a empresa no meu segundo ano no MIT. Ganhei dez milhões, mas mantive opções de ações e...

Então o viu. Primeiro achou que fosse apenas mais um garoto descolado com uma tatuagem tribal no braço e um chapéu. Entretanto, as luzes de repente piscaram e Irina viu aquele sorriso preguiçoso e a leve movimentação que sempre fazia quando tocava uma música de que gostava. As luzes piscaram outra vez e Irina viu as duas meninas lindas com quem ele estava conversando; um braço envolvendo os ombros de uma morena alta, enquanto sorria para uma loura de shortinho curto e um top listrado. Os três pareciam uma página de revista ganhando vida. Irina se sentiu suja e abaixo do padrão com sua roupa cinza e o passado cinza. Talvez tivesse uma imagem mais alegre se tivesse sido criada em clima tropical.

Ainda estava franzindo a testa quando Javier levantou o rosto e seus olhares se encontraram. Ele não sorriu, não fez muita coisa, mas então a morena puxou a camisa dele, e ele mal podia esperar para desviar o olhar de Irina.

— Ei, estava procurando por você — disse uma voz ao seu ouvido, e aleluia! Estava salva... bem a tempo.

— Dean — Irina sibilou com o canto da boca. — Não estranhe, mas me abrace.

— Por quê? — Dean precisava substituir a expressão de perplexidade por uma mais amorosa e carinhosa.

— Abraço, agora! — Irina latiu e ele despertou para obedecer.

— Madame, sim, madame! — Dean a puxou mais para perto. Pelo menos parecia feliz. Com sorte, não muito.

Irina puxou Dean de modo que estavam bem na linha de visão de Javier e esticou as mãos para segurar o rosto dele.

— Ainda não gosto de você, mas vou beijá-lo agora — disse avisando. Em seguida, pressionou os lábios contra os de Dean por cinco segundos.

Não adiantou. Não conseguia ver se Javier estava olhando, então virou Dean noventa graus para a esquerda.

— Quer me dizer o que está acontecendo, Rina? — perguntou casualmente. — Ou é uma coisa russa?

Irina pensou em algumas respostas, descartou-as instantaneamente e decidiu falar a verdade uma vez na vida.

— Tem um cara ali que me dispensa sem motivo. E está com duas garotas, e não quero que pense que estou sozinha, tudo bem?

— Tudo bem, deveria ter dito — Dean entoou e, antes que Irina tivesse tempo de recobrar o fôlego, a inclinou para trás e retomou o beijo.

Era uma pena não terem química. Pois Dean fazia coisas com os lábios que desmontariam Irina se ela fosse uma dessas garotas que ficavam melosas e patéticas só porque haviam beijado um menino. Como era, era uma dessas meninas que tinham de recorrer a truques banais para deixar um menino com ciúmes.

Mas será que Javier estava com ciúmes?

— Tem um cara com um chapéu tricotado idiota vindo até aqui — Dean sussurrou ao ouvido dela. — Acho que quer me matar.

Irina lutou para se livrar dos braços de Dean e puxou o vestido, que havia subido com a animação. Mesmo com a pouca luz da boate, ela podia ver as linhas de fúria no rosto de Javier. Finalmente, havia conseguido fazê-lo sentir alguma coisa! Irina lambeu os lábios em antecipação de como o chutaria para a calçada. Depois pisaria em cima, só para garantir.

O que era um ótimo plano. Exceto que foi interrompido por Candy aparecendo de repente, agarrando o braço de Irina, e deixando claro que não planejava ir a lugar nenhum. Agarrar Dean era uma coisa, mas bancar a lésbica logo em seguida era demais.

– Solte! – Irina tentou se soltar de Candy, mas ela estava segurando com toda força.

– Por que tem sempre que ser uma vaca? – perguntou Candy, e Irina estava prestes a dizer por que, quando Candy fez algo que Irina não esperava.

Candy Careless, princesa punk da segunda geração e um chicote de "cabeças de vento retocadas por todos os lados", começou a chorar.

Não importava. Javier tinha sido cercado por outra garota que parecia preferir viver de biquíni, e Dean estava olhando para Candy e se afastando.

– Ela está chorando... – murmurou com uma voz espantada. – Isso não faz parte do acordo de amizade. Você cuida disso.

Irina estava prestes a destacar que também não era amiga de Candy, quando Candy caiu em seu ombro.

– Odeio você – disse entre soluços. – Odeio mais do que qualquer pessoa que já tenha conhecido, e já conheci muita gente desprezível na vida.

– Meu Deus, deve estar tão orgulhosa – Dean sorriu ao acenar em uma saudação desdenhosa antes de desaparecer na multidão, e Irina sobrou com uma menina chorando, que era melhor não estar sujando seu vestido.

— Pare de chorar! — ordenou, mas desde quando Candy fazia o que mandava? — Pare agora. Parece uma perdedora.

E Irina estava se passando por perdedora também. Uma pequena multidão havia se reunido para apontar e olhar para a menina alta demais e a pequenininha se abraçando de um jeito estranho.

— Não havia outra opção que não arrastar Candy para o banheiro, impedindo que uma menina de cabelo rosa pegasse o único cubículo livre bloqueando a porta.

— Nem pense! — rosnou, e a garota saiu, pois o mundo da moda não havia cortado a coragem de Irina. Fechou a tampa do vaso, empurrou Candy, pegou um rolo de papel higiênico e jogou para ela. — Limpe os olhos e pare com esse barulho horrível — disse Irina, apoiando-se na parede. — Sempre o barulho.

Mesmo com olhos grudentos e o nariz vermelho, Candy conseguia fazer um olhar malévolo quase tão bem quanto Irina.

— Você... — murmurou indistintamente. — Você...

Irina ergueu as sobrancelhas.

— O que tem eu?

— Não é para repetir coisas que disse sobre a minha mãe na cara dela! É grosseiro, cacete.

— *Niet*, grosseiro é falar mal de sua mãe para todo mundo ouvir! — irritou-se Irina. — Ela parece gentil. Talvez almoce... — Só disse isso para irritar Candy, o que nunca era muito difícil, e, que surpresa, estava funcionando.

— Não vai chegar perto dela. É ruim o bastante que Hadley esteja com Reed o tempo todo trabalhando naquele maldito filme, mas agora você está entrando em cena e levando minha mãe também.

— Você não gosta da sua mãe...

— Gosto, só que ela é constrangedora, tipo, indo para as mesmas boates que eu e falando com minhas amigas como se tivesse a nossa idade. Meu Deus, ela é um desastre que entra nas salas da nação às nove da noite todas as quintas-feiras.

– Ao menos quer sair com você – disse Irina, pois gostando ou não, estava presa acalmando Candy do faniquito.

– Por que se importa? Não fala com sua mãe desde que saiu da Rússia. Todo mundo na Fierce sabe disso!

– Não é da sua conta, garotinha – Irina se conteve e cerrou os punhos por trás das costas para que ela não separasse a cabeça de Candy do pescoço.

– Só estou dizendo que você não sabe nada sobre mim ou minha vida. Não é como na TV. Ninguém sabe o que tive de aturar ou o que passei, e se soubessem, talvez...

– Ah, me poupe dos privilégios da garota ocidental! – irritou-se Irina, pois era hora de encerrar o festival da pena e mandar os convidados embora. – Não sabe como é fácil para você.

Pelo menos chocou Candy o suficiente para que parasse de chorar.

– Como?

– Sempre tem comida para comer, roupas para vestir, aquecedor, *ja*?

– É, bem, mas esse não é o ponto. Estou falando de...

– Bem, eu não tive. E quando você na cama quebrada que divide com irmã mais nova e não dorme porque a barriga dói de fome, então pode reclamar da vida. Até lá, encontra quem se importa, pois eu não me importo! – Irina respirou, o que Candy considerou uma deixa para começar a resmungar outra vez.

– Jesus, que melodrama! Estou falando, tipo, fome *emocional*! – Candy voltou à personalidade psicótica e mordaz de sempre. – E essa historinha de Menininha Palito, Irina? Ma-la! Não me importo com quanta sopa de repolho teve de tomar na Rússia, você foi uma vaca desde que entrou no apartamento.

Não era assim que Irina se lembrava, Candy estava com uma expressão de "pronto, ganhei!" e Irina ficou imaginando o que seria necessário para se livrar dela.

— Estou no país uma semana — disse de repente, apesar de não saber por que sentia a necessidade de se explicar para Candy. — Saio de um apartamento porque meninas me chamam de camponesa e vou para outro e lá você grita comigo antes de dizer oi. E sou jogada em esse mundo estúpido e ninguém diz o que pensa e todo mundo é falso e meu visual é editorial demais e tenho de traduzir tudo para russo, depois outra vez para inglês e é exaustivo. — Foi o discurso mais longo que já fez na vida e não fez Irina se sentir nem um pouco melhor por desabafar, principalmente porque Candy seguia inabalada. Teve até a ousadia de fingir um bocejo.

— É, é — falou de maneira arrastada. — Lembre-me de chorar na minha cerveja por você. Tem esta oportunidade incrível de ter uma nova chance na vida, ir a lugares incríveis, e tudo que precisa fazer em troca é se colocar na frente de uma câmera com uma expressão sem humor. Grande coisa.

Se Candy queria jogar a carta *vaca* outra vez, então Irina não podia ser responsabilizada por nada que pudesse fazer ou dizer.

— Hadley e Reed saem há meses — soltou, e os olhos e boca de Candy formando círculos perfeitos de horror eram toda a recompensa de que precisava. — Pelas suas costas, porque é egoísta, bruxa possessiva e não quer contar para você.

— Mentira! Só está inventando para me irritar.

Agora era a vez de Irina bancar a indiferente, com um balanço de cabeça em sinal de bom-tom.

— Vejo comendo rosto um do outro cinco vezes diferentes, e quando não está, ficam em quarto dela por horas. — Candy não parecia convencida. — Uma vez ela saiu com duas mordidas de amor no pescoço.

Candy enfiou os dedos no ouvido para não ter de escutar mais.

— Mas eles não têm nada em comum. O que Reed veria em alguém como *ela*?

Apesar de estarem brigadas no momento, Irina não podia deixar Hadley sem defesa.

— Ela tem o bom coração, é engraçada, generosa e inteligente.

— E antes que pudesse se sentir culpada porque Hadley *era* isso tudo e ainda assim a traiu, virou a faca em outra direção. — Não é à toa que Reed está apaixonado por ela.

No fim das contas, o choro anterior de Candy tinha sido apenas o aquecimento para o evento principal. Agora o barulho que saía de sua boca soava como uma furadeira quebrada. Ela se encolheu, enterrou a cabeça nas mãos e chorou tanto que o corpo tremeu.

Irina não podia evitar um pouco de sentimento de culpa por ter reduzido Candy a soluços agoniados. Agachou e cutucou o ombro de Candy no que poderia se passar por algo solidário.

— Pronto, pronto — disse. — Não é nada de mais. Ela provavelmente fica com Reed para poder fazer o filme, Hadley sabe que tem de ganhar o máximo possível. E pessoas respeitando. É tudo que importa.

Isso só fez Candy chorar ainda mais, apesar de Irina não achar que fosse possível. Com um suspiro profundo, arrancou outro pedaço de papel higiênico e o entregou a Candy.

— Saia daqui, cacete! — foi toda a gratidão que Candy estava pronta para oferecer.

Irina não precisava que dissesse duas vezes.

— Tudo bem, melhoras — disse sobre o ombro, enquanto saía do cubículo pronta para encarar a fila longa de meninas com olhos estreitos sacudindo de um pé para o outro enquanto esperavam pelo outro cubículo que não tinha uma rainha do drama soluçando.

Irina deu de ombros para a multidão.
— Comeu curry estragado. Vai sair logo.

Javier não estava em lugar nenhum, não que Irina estivesse procurando por ele. No entanto, Dean continuava vivo e intacto, então foi atrás dele, até Sandrine chegar em uma roupa justa vermelha de cetim.

Dean estava falando sobre a Inglaterra e sobre como sentia falta de linguiça batida, mas quando sua não-exatamente-namorada apareceu a conversa logo degenerou para uma rodada de:
— Vá se ferrar!
— Não, você vá se ferrar!
— *Não, você* vá se ferrar!

Candy emergiu do exílio forçado e estava sentada em uma cabine com a mãe, pálida e desamparada, enquanto Bette conversava animada com ela. Então, oficialmente, não era mais problema de Irina.

Quando outro cara fuinha com terno caro se aproximou e perguntou se ela era modelo, Irina decidiu que era hora de ir. Tinha uma sessão importante no dia seguinte, e não ia aparecer com olheiras e mau humor porque não tivera uma noite decente de sono.

Fora da boate, Irina olhou para a rua para procurar um táxi com as luzes acesas, quando Javier pulou sobre a corda de veludo e se plantou no caminho dela.

A melhor noite que tivera em meses havia se transformado em algo que só desejaria para os piores inimigos.

— Javier — Irina resmungou. — O que você quer?

Javier parecia todo machucado e ferido, o que fazia Irina se sentir machucada e ferida também. Por que ele ainda tinha aquele poder sobre ela?

– Não demorou – disse rouco. – Aquele cara transa com qualquer coisa que se mexe. E um astro do rock, Irina? Está realmente vivendo o clichê, não está?

Parte dela, uma grande parte dela, queria negar. Contudo, se recusou a ouvir aquela parte exaustiva do cérebro.

– Não é assunto seu. Vá, me deixe em paz.

– Levou cinco minutos para arrumar outro. – Javier tremeu dentro do casaco de capuz e cruzou os braços. – Você me traiu quando estávamos juntos?

– Nunca soube que estávamos juntos! – praticamente gritou em frustração. – Nunca é objetivo comigo. Nunca liga. Nunca quer me ver se não imploro. Depois me larga antes de eu saber que estamos namorando, então não faz cara carrancuda. – Meu Deus, estava com a retórica ligada esta noite. – E toda vez que viro, flerta com outra menina linda...

– São só amigas, Irina...

– Como eu era amiga, não é?

– Nunca foi uma amiga. Nem segurava minha mão quando andávamos pela rua – disse entredentes. – E naquela noite saímos com suas colegas de apartamento em Londres, você nem me apresentou para elas.

Aquela foi a noite em que levaram Laura para sair, para que ela esquecesse que foi traída pelo namorado e estava prestes a ser demitida da Fierce porque estava gorda e mal-humorada. Como Irina desejava que tivesse deixado Laura em casa naquela noite, comendo até morrer. Hadley ficou tão bêbada que caiu no chão da limusine, Laura transou com um cara que não conhecia, e Candy... simplesmente foi Candy. Por que teria apresentado Javier a elas, quando era vergonhoso ser vista com elas?

– Se sei que você é meu "namorado" – Irina fez aspas na palavra namorado com tanta fúria que quase arrancou os olhos de Javier – talvez apresentasse.

Javier riu em escárnio enquanto Irina acenava freneticamente para um táxi vazio.

– Você é tão difícil, Irina... – murmurou. – Por que tudo tem de ser soletrado para você? Obviamente nem entendeu metade do que eu estava sentindo.

Irina o empurrou do caminho para poder entrar no táxi.

– Porque você nunca me conta!

Latiu o endereço do hotel para o motorista, que não parecia ter qualquer pressa em partir, e, quando viu, Javier estava pulando no táxi quando estavam saindo da esquina em um ganido de pneus.

– Saia! – disparou, deslizando pelo assento para se afastar de Javier, que havia escolhido uma hora muito estranha para virar homem.

– Vamos conversar sobre isso – anunciou calmamente, o que fez Irina querer bater nele. – Então não percebeu que estávamos namorando? Nunca pensei que você fosse tão lenta.

– Você não namora modelos – Irina lembrou secamente. – Deixa isso bem claro.

– Quando disse isso? – Javier franziu o rosto, como se fosse confuso demais.

– Quando era bêbado de cair em Tóquio. – Irina olhou para a frente, para ver se estavam perto do hotel, em seguida, quase saltou da própria pele quando Javier pegou sua mão com tanta força que não conseguia soltar. Na realidade, não queria, mas a questão não era essa. – Tire a mão de mim!

Mas Javier estava se aproximando para poder pegar seu queixo e virar Irina na direção dele.

– Ouça, vamos para o seu hotel... – murmurou. – Resolver isto. Talvez eu também devesse ter sido mais claro em relação às coisas.

Não havia nada o que resolver. Irina estava cansada de ser a ficante de Javier, cheia de aceitar as migalhas que ele oferecia. Caramba, ela estava recebendo 5.000 libras por dia! Isso significava que merecia mais do que...

Mas então Javier a beijou gentilmente como sempre fazia com o primeiro beijo. E como sempre, fez com que Irina se sentisse uma princesa, como uma menina delicada acostumada a ser tratada como se fosse preciosa.

O segundo beijo foi menos suave. Mais tenro. E muito mais passional, então Irina estava retribuindo, colocando tudo que tinha naquilo, pois era péssima com palavras.

E o terceiro beijo fez o motorista de táxi frear bruscamente para que pudesse exclamar:

– Ei, arrumem um quarto!

Era o choque de realidade que Irina precisava. Afastou-se de Javier para que pudesse se inclinar e lutar com a maçaneta da porta...

– *Baby*, o que está fazendo? – perguntou Javier, apesar de ser claro, porque Irina estava com as duas mãos nas costas dele para empurrá-lo para fora do táxi, onde aterrissou em um sobressalto na calçada.

– Não. Não! – repetiu fortemente, balançando o dedo para ele. – Não ganha mais leite, não sem comprar a droga da vaca!

– De que diabos está falando? – ele estava olhando para ela ao se levantar e limpar os jeans, mas Irina já estava batendo a porta e dizendo ao motorista que não ganharia gorjeta se não pisasse fundo.

Capítulo Vinte e Quatro

Mesmo ao girar a chave na fechadura, Irina podia ouvir os barulhos de uma briga.

Quando chegou ao primeiro andar, a briga se provou ser Candy xingando, Hadley gritando, Laura chorando – e Irina tinha o bom senso de virar-se de costas e ir para um hotel.

Suspirando, abriu a porta da frente para se deparar com as três na sala, com punhos cerrados e muitos cabelos se movendo.

Se fosse pelo corredor nas pontas dos pés, provavelmente nem saberiam que estava ali. Irina passou a mala pela entrada cuidadosamente...

– Já era hora de dar as caras. – Candy circulou Irina furiosamente. – Diga a Hadley o que me contou sobre ela e meu *irmão*.

– Meio-irmão – corrigiu Hadley com um movimento brusco de corpo inteiro. – E não é da sua conta, e obrigada por me trair completamente, Irina, depois que arranjei um papel para você no filme. O único lugar em que estará é no chão da sala de edição quando contar a Reed.

– Não diga o nome dele! – rosnou Candy. – Ele só está com você pela publicidade. Quer dizer, por que diabos aturaria passar tanto tempo com você?

Hadley emitiu um som agudo antes de se lançar para cima de Candy. Era uma desculpa idiota para uma briga de meninas.

Irina teria simplesmente socado a cara de Candy sem parar até que ela se calasse, mas Hadley puxava cabelos e Candy arranhava, então se atracaram na sala em um borrão de cabelos tingidos e membros voando.

Sobrava para Laura se meter como um exército vingador, pois sempre tinha de meter seu nariz empinado onde não era chamada.

– Você é absolutamente tóxica! – gritou para Irina. – Mesmo quando não está no país consegue promover a destruição.

Irina tinha visto seis episódios de *The Catherine Tate Show* no avião.

– Pareço incomodada? – perguntou com a voz mais entediada possível, que era mais entediada do que a maioria das pessoas conseguia em uma vida inteira.

– Tóxica! – Laura esclareceu antes de ter a atenção distraída por uma caneca de café semicheia sendo derrubada e enviando um arco de líquido marrom sobre o tapete, enquanto Hadley e Candy caíam sobre a mesa.

– Vadia falsa de plástico!

– Troglodita maldita!

– Bem, não fique aí simplesmente parada – Laura latiu para Irina, olhando para as meninas se contorcendo diante delas. – Ajude a separá-las.

E sem qualquer preocupação consigo ou com o visual de modelo, Laura se meteu, agarrou um braço, e puxou até Candy surgir rubra e arfante da briga.

Sem as mãos de Candy na garganta, Hadley caiu no chão e examinou as pequenas marcas de meia-lua na mão.

– Você me mutilou! – engasgou-se, pois com Hadley era garantia de um pouco mais de drama a qualquer situação. Se estivesse no *Titanic* quando afundou, teria gritado sobre os danos da água à sua bagagem Louis Vuitton em vez de procurar o bote salva-vidas mais próximo. – Preciso tomar vacina de tétano.

– Devia ter tomado uma injeção quando comprou seu cachorrinho rato – Candy sibilou, esfregando a cabeça. – Meu Deus, acho que deixou uma careca.

Laura a afagou nas costas.

– Acalme-se, Candy...

– Deixe o senhor C-C fora disto – ganiu Hadley – Se estas marcas deixarem uma cicatriz, vou processá-la, e terá de pagar pelo transplante de pele.

– Talvez possa conseguir que o cirurgião costure sua boca ao mesmo tempo.

Irina afundou no sofá e assistiu enquanto o faniquito esquentava. Quando começavam, podiam gritar insultos durante horas, então pegou o controle remoto para ver se a caixa da TV a cabo tinha gravado *Skins*.

– O que você pensa que está fazendo? – Candy, de repente, perguntou enquanto Irina passava pelo índice de programas. – Irina! Estou falando com você!

– Na realidade você grita – observou Irina. – Saia, não consigo ouvir a TV por cima de sua voz irritante.

Houve três engasgos incrédulos enquanto todas viravam para olhá-la.

– É tudo culpa dela!

Irina não sabia ao certo quem tinha falado, mas não importava. Pelos olhares de acusação, tinham, finalmente, encontrado um ponto de concordância.

– É minha culpa que Hadley está transando com o irmão de Candy?

– Não estou! Estou me guardando para a noite do meu casamento. E você havia jurado segredo. – Hadley não sabia para quem olhar. Seu olhar desviou de Irina para Candy, e para Irina outra vez. – Pensei que fosse minha amiga, mas na verdade é só uma pessoa vingativa e hostil incapaz de ser amiga de ninguém. E se não a odiasse tanto, teria pena de você. – E com isso, se levantou e ficou ali com as mãos nos quadris.

Irina suspirou, pois realmente não queria ter envolvido Hadley. Elas *eram* amigas. Mais ou menos...

– Hadley...

– Não! Nem diga meu nome! – Hadley berrou, levantando a mão em protesto. – Aliás, nunca mais fale comigo! – saiu da sala com a máxima dignidade que uma pessoa com a palavra "juicy" no bumbum podia ter.

Isso deixou Irina sozinha na companhia da fera de duas cabeças Laura e Hadley, exceto que agora estava se bicando.

– Realmente não vejo qual é o problema se Hadley e Reed estão namorando – Laura dizia, enquanto tentava ver se o couro cabeludo de Candy estava realmente sangrando, ou se ela era uma grande mentirosa.

Candy se encolheu.

– Isso é porque você nunca teve irmãos. É o exemplo clássico da filha única.

– E que diabos quer dizer com isso?

– Você é um pouco mimada, Laura. Quer que tudo seja do seu jeito para que possa passar pela vida sem sujar as mãos. Bem, me desculpe se minha dor e sofrimento são inconvenientes.

Irina estava dividida. Era ótimo ver Laura sendo derrubada do poleiro de menina bonita, mas, por outro lado, ela poderia ganhar de Candy em uma briga. Um golpe dos punhos carnudos e Candy seria nocauteada.

– Vou conceder o benefício da dúvida porque você está chateada e agindo feito uma louca, mas só porque eu gostaria de viver em uma atmosfera pacífica e harmoniosa sem pessoas gritando a cada cinco minutos, não faz de mim uma pessoa mimada – Laura concluiu com desprezo.

– Eu nunca grito! – berrou Candy, fazendo uma boa imitação de uma garota com cordas vocais poderosas. – E você devia saber que eles estavam saindo. Tinha de saber! Sei que socializa com *ela* quando não estou por perto, mesmo devendo ser minha amiga.

Laura colocou as mãos nos cabelos e deu um grito genuíno de irritação.

– Eu *sou* sua amiga, mas sou amiga de Hadley também. Já disse um milhão de vezes que não vou tomar partido. Você implica com Hadley desde o princípio...

– Implico com ela desde que começou a se insinuar para Reed!

– Você faz incesto? – Irina se ouviu perguntando antes que pudesse ativar os neurônios. Obviamente o fuso horário estava começando a bater. – Essa coisa possessiva, muito estranha.

Foi a coisa errada a se dizer. Irina soube assim que as palavras deixaram sua boca. Essencialmente porque fez com que Candy e Laura lembrassem que ela era a responsável por todos os problemas em sua casa feliz. Talvez até mais. Tipo, era culpada pelo aquecimento global e pelas armas de destruição em massa.

– Ah, cale a droga da sua boca! – Candy gritou tão alto que tinha de ter causado algum dano irreparável à garganta, Irina pensou com expectativa. Foi preciso um esforço sobre-humano, mas ergueu uma sobrancelha, como se todo o drama fosse cansativo demais para palavras.

Laura se encarregaria de matar o golpe.

– Não é à toa que não tenha nenhum amigo de verdade! – disparou. – Você é a pessoa mais desagradável que já conheci em toda a vida.

O pior de tudo foi que Irina queria concordar com ela. Não era amiga de ninguém, exceto de si mesma. O que não tinha problema. Irina tinha os próprios problemas para cuidar, e se preocupar com os outros só atrapalhava.

– É – fungou Candy, manifestando-se. – Tem tido notícias de Javier ou ele se cansou de ficar com uma vaca tão colossal?

Irina olhou para baixo, para o próprio peito, surpresa por não haver um machucado aberto e sangrando onde tinham acabado de enfiar uma faca. Nunca antes ficou tão feliz em ter um rosto de pedra como seu padrão normal. E quando pegou o controle remoto outra vez, a mão estava agradavelmente firme.

– Saiam da frente! – ordenou bruscamente. – Não enxerga a TV se vocês duas estão no caminho.

Olhou fixamente para a tela até entenderem o recado. Não que Laura e Candy tivessem conseguido se entender graças ao ódio mútuo a Irina. Um instante mais tarde, ouviu duas portas batendo separadamente e conseguiu se ajeitar e ver TV em paz. Após cinco minutos, parou de fingir estar concentrada na MTV e correu para o quarto, para poder jogar alguns aparelhos eletrônicos pela janela.

Esta última briga não foi como as outras. Das quais tiveram muitas – geralmente quando Laura resolvia convocar alguma reunião de apartamento, que nunca acabava bem. Depois tinha muito calor e barulho, mas, até a noite, estavam acampadas na sala assistindo a *Project Runway* e falando mal das modelos. Irina quase sentiu um brilho morno ao se lembrar dos tempos felizes.

Agora era guerra total. As linhas de batalha foram traçadas, as tropas montadas, e nenhuma esperança de cessar-fogo. Candy havia arranjado um cara para colocar um cadeado no seu armário da cozinha, o que era péssimo, pois sempre tinha coisas boas

Fashionistas | Irina

lá, como biscoitos Oreo e pequenos marshmallows que Irina gostava de jogar aos punhados no chocolate quente.

Hadley se recusou a ficar no apartamento enquanto Candy estava na residência, e ela e o senhor C-C levantaram acampamento e pegaram estrada para a casa de Reed. Só voltaria se Candy estivesse a caminho de Mumbai para a inauguração de uma boate, ou voltando para Nova York para infernizar a vida da pobre da mãe.

Irina nunca pensou que fosse ser assim, mas, na realidade, preferia quando Candy estava por lá. E não apenas porque tinha uma sensação de imensa satisfação em ver as três ex-amigas dando patadas e rosnando entre si. O que era muito pior, era ver Hadley e Laura embarcando em um novo clima de melhores amigas. Sentavam no sofá assistindo a comédias românticas, e por mais que Irina esforçasse os ouvidos, não conseguia ouvir o que estavam dizendo. No entanto, tinha a sensação de que seu nome surgia muito. E nem mesmo tinha a coragem de se colocar entre as duas e exigir que mudassem o canal.

Era um segredo que levaria para o túmulo, mas estava se sentindo péssima pelo que tinha acontecido com Hadley. Hadley tivera uma vida difícil. Tudo bem, uma vida difícil em uma mansão de Malibu, mas mesmo assim havia passado por coisas horríveis e chegou ao outro lado tão sobrevivente quanto Irina. Irina respeitava isso. Contar a Candy sobre ela e Reed havia sido um erro sincero que não podia desfazer, e não perderia tempo se torturando por isso. Entretanto, Irina detestava ter ferido os sentimentos de Hadley. Hadley ficava com um olhar firme, afiado, sempre que Irina estava no mesmo cômodo, e faria qualquer coisa para limpá-lo.

Irina tinha passado a deixar presentinhos na cama de Hadley. Uma cesta da empresa de cosméticos japonesa, que estava nas nuvens com os resultados da campanha. Os sapatos Christian Louboutin que havia conseguido de um estilista. Até comprou pelo preço integral uma coleira Gucci.

Uma noite, quando chegou de uma sessão ao ar livre exaustiva no que parecia uma ventania de grau vinte, posando em vestidos de noite, Hadley apareceu com os braços carregados.

– Não quero isso – disse secamente, derrubando todas as ofertas de paz de Irina no chão. – Não disse nada para Reed, então, até onde sei, você continua no filme.

Irina despertou do estado quase catatônico.

– Não é por isso que dou isso.

Hadley cruzou os braços.

– Se quer pedir desculpas, é só, tipo, pedir.

– Não é minha culpa que Candy é a vaca do mal! – Irina protestou, porque culpar Candy era mais fácil do que pedir desculpas. Apenas perdedores se desculpavam.

– Ah, que *seja*! – disse Hadley, soando assustadoramente como Candy. – Só vim dizer que Laura está falando com a Fierce para tentar encontrar um apartamento de dois quartos para nós duas. Apesar de talvez acabarmos alugando em algum lugar.

Irina não teve tempo de mascarar a expressão de choque. Não queria novas companheiras de apartamento. Ou sair de Camden, ou ter de dividir com meninas russas. Ou não morar com Hadley. Por isso não fazia amigos – davam muito mais trabalho do que valiam a pena.

– Tudo bem, espero que fiquem muito felizes juntas, se encontrarem um apartamento grande o suficiente para o bumbum enorme dela – disse Irina, se jogando novamente na cama. – Feche a porta ao sair.

Capítulo Vinte e Cinco

Depois de Nova York, Paris possivelmente era a cidade preferida de Irina. Gostava do fato de que os parisienses eram notoriamente grosseiros, mas se derretiam por qualquer um que fizesse o esforço de falar sua língua. E gostava de pegar o trem em vez de ter as pernas apertadas em um assento estreito de avião. E adorava *pain au chocolat*, *croissants* de castanha e *steak-frites*. É, Paris era boa.

Boa até o momento em que entrou no estúdio fotográfico reservado para sua sessão da *Vogue* e viu Javier. Estava morrendo de medo deste instante desde que o empurrou do táxi em Nova York.

Ele não a viu de início. Ou talvez estivesse fingindo não ver. Irina o absorveu, pois era péssimo pensar que o detestava, mas quando estavam no mesmo recinto, não havia ninguém com quem preferisse falar. Ninguém para quem preferisse olhar. Em conflito, mesa para um.

— Irina. Pegue um café para você — uma voz disse pausadamente ao seu ouvido, e ela virou para ver Aaron se erguendo atrás dela. Pelo olhar de reprovação no rosto escarpado dele, não havia esquecido nem perdoado o que fez no Japão. Apesar de aquilo ter sido há meses. E ele obviamente não ficou sabendo de seus grandes avanços no autocontrole.

Irina, finalmente, havia encontrado o especialista em controle de temperamento, mas só porque havia destruído telefones o suficiente para que os funcionários da Carphone Warehouse começassem a olhá-la de um jeito estranho cada vez que entrava para comprar um telefone novo.

Foi uma perda de tempo. O cara era um charlatão total com terno de marca, que disse a ela para imaginar sua raiva como uma nuvem vermelha que tinha o poder de soprar para longe sua energia positiva.

— Só diga como não quebrar coisas quando estou irritada — Irina soltou afinal, porque a visualização estava dando dor de cabeça.

Estava esperando uma caixa cósmica que reajustasse a eletricidade do seu corpo, mas ele simplesmente alcançou uma gaveta e puxou um saco de elásticos.

— Ponha um deles no pulso e, cada vez que sentir vontade de gritar, dê um puxão. A dor vai centrá-la — dissera. — E pare de me encarar, você tem uma aura muito cinza, Irina.

Então agora puxou rapidamente o elástico. Estranhamente, parecia estar ajudando com a raiva, apesar do hematoma permanente no pulso, de tanto puxar.

— Oi, Aaron! — disse alegremente, apesar de aos próprios ouvidos ter soado falso como um par de seios de plástico.

Ele a ignorou.

— Vamos levar anos ajeitando as luzes para estas fotos de cabelo. Encontre um lugar quieto e tente não irritar ninguém até o máximo que conseguir.

Neste ritmo, Irina ia cortar completamente a circulação sanguínea de tanto puxar o elástico.

— Tudo bem — disse fracamente, indo para o sofá enorme. Ao passar por Javier, ele reconheceu sua presença com um olhar frio, que não caía bem em seu rosto sensual. Ele obviamente vinha atualizando Aaron sobre seus malfeitos. O que era um caso de deturpação grosseira, mas Irina duvidava que tivesse chance de se defender.

Fashionistas | Irina

Ela se acomodou com o saco de doces que havia comprado no caminho. Ainda estavam quentes, mas não iria dividir com Aaron e Javier de jeito nenhum, principalmente porque poderia ter tido uma hora a mais de sono enquanto subiam escadas e mexiam com filtros de cores diferentes. Nem mesmo os cabeleireiros e maquiadores haviam chegado ainda.

Irina se distraiu trocando mensagens com Dean, que estava em Paris para fazer um *show case* para algumas pessoas importantes da gravadora francesa. Ele não pareceu muito animado com o programa. Às vezes, Irina ficava imaginando se a amizade entre os dois não passava de um simples caso de "a tristeza adora companhia". Contudo, era bom ter alguém com quem resmungar em uma média de cento e sessenta caracteres.

– Você precisa tomar isso – disse uma voz áspera.

Irina levantou os olhos para ver Javier segurando um vidro de aspirina.

– Por quê?

– Vamos fotografar seis visuais diferentes, e seu cabelo vai ser puxado, enrolado e penteado. – Javier explicou, como se estivesse falando com uma criança de três anos. – Seu couro cabeludo vai machucar.

O coração idiota de Irina saltou em seu peito, e deu alguns giros. Javier ainda se importava com ela. Até se importava com seus folículos.

– Aaron não quer que suas reclamações desacelerem as coisas – Javier continuou falando pausadamente. Parecia um parente distante do menino que sussurrava segredos para ela no escuro.

Pensar em como ficaria sua cabeça depois de cinco penteados individuais não era nada em comparação à dor de Javier se recusar a olhar nos olhos dela.

— Tudo bem — Irina disse outra vez. Suspeitava que fosse utilizar esta resposta muitas vezes hoje, apesar de as coisas não estarem nada bem.

— Tudo bem — Javier respondeu, e ele podia se conter e parar de agir como se fosse a parte ferida.

Pegou o vidro de remédio e acenou em tom de dispensa.

— Pode ir, bonitinho. Vá fazer sua correria.

Irina continuava trocando mensagens com Dean sobre os fracassos de Javier como ser humano uma hora depois, enquanto sentava em sua cadeira e resistia ao impulso de gritar. Seu cabelo estava ensopado, de modo que ficaria brilhante e liso sob as luzes.

Nunca pensou muito em seu cabelo. As pessoas elogiavam o volume, a força e a versatilidade, pois não era liso, nem encaracolado, mas alguma coisa no meio. Gostavam até da cor. Irina chamava de castanho. No entanto, castanho no mundo da moda significava fulvo, carregado, chocolate ou avermelhado. Neste instante Irina ficaria feliz em raspar cada centímetro se isso significasse que as pessoas parariam de tocá-lo, puxá-lo ou discuti-lo.

— No *set* agora — alguém instruiu. — Devagar, não faça movimentos súbitos.

Irina foi conduzida em poucos passos até sua marca com toda a atenção geralmente dispensada a um monarca atuante. Os dois cabeleireiros ganiram alarmados quando tropeçou, e brandiram seus drinques em antecipação.

Aaron bateu o pé impaciente enquanto Irina era arrumada como ele queria, em seguida, os dispensou.

— Tudo bem, se vou fazer uma foto de cabeça e ombros, então, foco no rosto — ele disse, lançando um olhar nada amistoso a Irina. — Algo mais suave do que seus olhos geralmente afiados.

Brrrrr! Parecia que alguém havia regulado a temperatura para nível ártico. Irina fechou os olhos e tentou esvaziar a cabeça de toda a negatividade que flutuava por ela, para poder se concentrar em se tornar uma tela branca.

Quando abriu os olhos novamente, tanto Javier quanto Aaron estavam encarando-a com expressões combinadas de, bem, não exatamente ódio direto. Contudo, era claro que ela era uma das pessoas que menos gostavam no mundo.

Irina tentou suavizar, então suavizou. Relaxou a mandíbula e angulou levemente o rosto para o lado. Deixou os olhos um pouco menos duros. No entanto, nada que fazia parecia funcionar. Aaron parou de dar instruções, pois estava ocupado demais suspirando teatralmente. Fotografou três rolos, em seguida, disse aos cabeleireiros para prepararem o cabelo de Irina para a próxima sessão.

– Tente encontrar seu lugar feliz enquanto está na maquiagem, se tiver algum – disse com o canto da boca, enquanto ela passou por ele.

O soro deixou seu cabelo tão grudento, então teve de ser lavado em uma bacia no banheiro, antes que alguém começasse a desembaraçar. A aspirina não ajudou de fato, pois a cabeça de Irina começou a doer com tantos puxões. Com a reputação que tinha, os cabeleireiros obviamente temiam que ela fosse utilizar os pentes como dispositivos de apunhalada, mas era uma questão de orgulho a essa altura, e ela iria sofrer em silêncio. Fora alguns "ais" que escapavam quando não conseguia evitar. E que Deus ajudasse, era apenas o segundo visual; ainda tinham mais quatro por vir.

Três visuais depois e estava com a sensação de que sua cabeça tinha sido removida do corpo, utilizada como uma bola de futebol, e recolocada no lugar. Tudo isso e ainda não havia conseguido produzir a expressão "mais suave" que Aaron parecia querer.

O que era estranho, pois Irina nunca havia se sentido tão vulnerável quanto agora: empoleirada em um banco duro com uma toalha molhada sob os braços, de modo que o pescoço e os ombros estavam nus. Sua maquiagem era uma mistura cremosa de tons de cinza e tons de rosa, que deixavam Irina mais nova, e o cabelo uma cortina lustrosa caindo de uma divisão no meio obscurecendo os planos duros das maçãs do rosto. Parecia suave, mas não conseguia agir com suavidade na frente da câmera, na frente de qualquer pessoa, principalmente Javier, que avançou para poder clicar o medidor de luz no rosto de Irina com uma força que não era estritamente necessária. Meu Deus, ele ainda não conseguia olhar para ela. Irina encarou as costas dele, se lembrando de como era pressionar os dedos nas omoplatas dele...

– Saia do caminho, Jav – Aaron despertou os cantos da consciência de Irina, que piscou quando o flash acendeu, pegando-a de surpresa.

– Não pisque – latiu Aaron. Repousou a câmera por um segundo, olhou para Irina como se estivesse tentando mover suas costas alguns centímetros com a mente, em seguida, olhou para Javier. – Fique ali, bem ao meu lado.

Irina conteve um rosnado. Já era difícil o bastante, sem Javier diretamente na sua linha visual. Podia sentir os lábios tremendo, uma coceira na garganta, e percebeu que as lágrimas não estavam longe.

– Perfeito – Aaron anunciou com satisfação. – Ficou com cara de sonhadora e olhos arregalados, Irina. Não sabia que tinha isso em você.

No fim, a parte dela que estava dilacerada com a perda, desejando Javier que estava a alguns centímetros de distância, mas tão afastado quanto se houvesse um oceano entre eles, venceu a parte que queria esmagar o rosto de Aaron.

Foi irônico ter parado de se preocupar com suas expressões faciais durante o resto da sessão. Tudo que Irina podia fazer era se concentrar em não chorar. Até recebeu bem a dor da criação do último penteado, pois parou brevemente de pensar em Javier, apesar de ainda poder ouvir sua voz ríspida pela porta aberta enquanto falava com Aaron.

Os últimos rolos de filme foram batidos, pose após pose de total agonia. Irina podia sentir cada centímetro do seu corpo tremendo enquanto desistia de não olhar para Javier enquanto ele brincava com Aaron, porque sua dor e arrependimento não significavam nada. Sem importância. Apenas acabaria em folhas de papel fotográfico.

— Encerramos — disse Aaron, e insistiu em deixar o alívio cair sobre ela, Irina deu de ombros enquanto o primeiro suspiro lutava para sair. Ela saltou do banco e saltitou pelo chão, ignorando os cabeleireiros que continuavam com os drinques em mãos. — Bom trabalho, Irina — Aaron disse atrás dela, mas ela já estava batendo a porta do camarim.

Levou dois minutos para vestir o casaco, pegar a bolsa e descer as escadas. Estava quase conseguindo, com a mão esticando para abrir a porta da rua, quando Javier a alcançou.

— Irina — arfou, pegando-a pelo pulso entre os dedos.

Ela se soltou. Seu pulso estava quase tão dolorido quanto a cabeça. O elástico havia arrebentado em algum momento entre o décimo quinto e o décimo sexto rolo de filme.

— Vá se ferrar! — rosnou. — Vá se ferrar agora mesmo.

— Ouça, volte e lave essa coisa da cabeça. Podem colocar um pouco de bálsamo no seu couro cabeludo, mas provavelmente terá de enrolar um lenço em volta para...

Irina virou para poder estapear o rosto de Javier. No entanto, estava com o pulso doído e sem a força e precisão de sempre.

— Não! Não aja como se se importasse! Sabe o que Aaron estava fazendo e deixou!

Javier esfregou o local na bochecha onde ela o atingiu.

— Ele precisava das fotos. Estou lá para ajudá-lo a conseguir as fotos — disse quieto. — Não sei por que está levando tanto para o lado pessoal.

— Você sabe! — Irina gritou, cutucando-o no peito com o dedo. — E você deixa ele tirar vantagem de mim!

— O quê? O que eu sei?

Tinha de saber como se sentia em relação a ele. Era óbvio, a não ser que fosse feito de algum material incrivelmente denso.

— O que eu sei, Irina? — Javier repetiu suavemente, mas ela estava cheia de ter de mastigar tudo para ele. Ou ele sabia, ou não. E se soubesse, então deveria estar fazendo alguma coisa a respeito.

— Pare de fazer joguinhos! — disse ferozmente. — Não tenho tempo para isso.

Javier levantou a mão como se fosse tocá-la, talvez acariciar sua bochecha, mas resolveu não fazer.

— Tenho pensado em você, em nós dois, muito — admitiu, como se isso devesse ser alguma coisa.

Mas não era o suficiente.

— Pare de pensar e comece a fazer — Irina aconselhou severamente.

E pela primeira vez, fez o que disseram. Começou a avançar, e, ao mesmo tempo, Irina também. Fez o beijo acontecer muito mais rápido desta forma; as bocas se encontrando em uma colisão furiosa de dentes e línguas, lutando para empurrar o outro contra a parede. Javier venceu no final, ou talvez Irina o tenha deixado vencer, porque queria a sensação daquele corpo contra o dela enquanto o envolvia nos braços.

Se pudessem ficar assim para sempre, então talvez as coisas se resolvessem. Porque, se estavam se beijando, então não precisavam conversar. Quando conversavam, tudo se complicava. Contudo, os dedos de Javier passando por seus cabelos, esfregando círculos calmantes contra o couro cabeludo dolorido, os lábios se movendo nos dela não complicavam nada. Era perfeito.

Alguém chamou o nome de Javier do alto da escadaria. Ignoraram. Entretanto, a voz se tornou mais alta e Javier se afastou com um xingamento abafado, então Irina pôde olhar para cima e ver Aaron olhando com um leve sorriso desdenhoso.

– As luzes não vão se empacotar sozinhas – disse arrastado, antes de se afastar.

Sem o corpo quente de Javier segurando-a, Irina sentiu frio. Ele estava respirando fundo, bochechas ruborizadas enquanto passou uma mão trêmula pelo cabelo, que estava desgrenhado e caindo nos olhos.

– O que você quer? – perguntou a Irina, e soava desamparado e assustado. – O que você quer de mim?

Irina o encarou com incredulidade sigilosa.

– Você é a pessoa mais burra que já conheci – ela disse. – É simples, você é um menino, eu sou uma menina. Comece a agir de acordo. – Não podia continuar fazendo todo o trabalho; sempre encarregada. Javier precisava fazer com que ela soubesse o que sentia no coração. Irina não ia dizer nada, a não ser que ele dissesse primeiro.

Ela se abaixou para pegar a bolsa e, ao se ajeitar, Javier estava esticando os braços para ela outra vez.

– Irina. – Sua voz estava baixa e urgente. – Penso em você o tempo todo, mas sempre acabo andando em círculos. Tenho de voltar lá para cima agora, mas...

– Tudo bem – interrompeu de forma concisa, antes que ele pudesse dar outro fora. – Vou agora também. Vejo Dean hoje e não quer atrasar. Lembra meu amigo Dean, o astro do rock, *ja*?

Concluiu pelo olhar furioso no rosto de Javier, antes que ele virasse e marchasse pela escada, que ele lembrava bem até demais.

Capítulo Vinte e Seis

Dean não ajudou em nada na cura da dor na cabeça ou da dor na alma.

— Você parece uma maluca religiosa — riu quando Irina chegou no bar do hotel com um lenço amarrado na cabeça.

Irina fez uma careta ameaçadora para Dean, o que só o fez rir ainda mais. Havia coberto o cabelo com um tubo inteiro de condicionador de tratamento intensivo, então não era como se tivesse muitas opções para a cabeça.

— Cale a boca antes que o machuque! — rosnou, olhando em volta para a clientela do bar, constituída por homens de negócio carrancudos. — Este lugar é uma droga, vamos sair daqui. Estou morta de fome.

Foram para um pequeno bistrô na Ile de la Cité, e enquanto Irina devorava uma carne tão grande que Dean até ficou pálido, ele começou a falar sobre o estado desastroso de sua vida amorosa. Apesar de não parecer que ele tinha uma.

— Só quero ser honesto e dizer a todos que eu e Sandrine não estamos juntos — disse amargamente. — Aí Paul resmunga sobre nossa base de fãs, mas, ao mesmo tempo, eles dividem o quarto de hotel. Faz com que eu pareça uma ferramenta completa. E ela não sabe cantar, mal dança, e se não estou mais dormindo com ela, então por que ela deve ficar na banda?

— Você deveria dispensá-la — disse Irina, enquanto desenrolava o quinto pacote de palitinhos de pão. — E deveria dispensá-lo também. Fazer carreira-solo ou coisa parecida.

— Suponho. Depois ele pode me processar pelo resto da vida, como fez com Moll.

Irina começou a ouvir atentamente. O rosto de Dean havia ficado todo esquelético na última frase.

— Quem é Moll?

Dean ficou muito interessado no conteúdo da garrafa de cerveja.

— Ninguém — disse curtamente, antes de ceder. — Ela começou a banda com outra garota. Depois saíram, citando diferenças pessoais irreconciliáveis. Jane foi para a reabilitação e Molly passou os últimos três anos sendo processada por Paul. Você já fez alguma coisa tão horrível com alguém que mal consegue se encarar no espelho depois?

— Não. — Irina pensou sobre a mãe e Hadley e se corrigiu. — Bem, fiz algumas coisas erradas, mas tento compensar.

— Nunca encontrarei outra garota como Molly... — Dean suspirou. — E não, voltar com ela não vai acontecer — acrescentou, respondendo antecipadamente a próxima pergunta de Irina. — Algumas coisas não têm volta.

— *Pffft!* Encontre outra pessoa. Você não é feio, e é famoso. Deve ter groupies?

Dean quase cuspiu a cerveja.

— Não poupe meus sentimentos, Rina. Diga logo tudo.

Ela exibiu os dentes.

— Conte com isso. Talvez eu ache uma russa bonita que não atura sua baboseira de estrela do rock.

— Uma modelo? — Dean se sentou e começou a babar. Às vezes, Irina se esquecia de que ele podia ser um grande pervertido. — Não seria mau.

Irina passou por uma lista de nomes. Famke, Katja, Nadja – todas solteiras, mas obcecadas pela ideia de namorar membros da aristocracia ou jogadores de futebol da liga principal.

– Quanto você ganha?

Dean balançou a cabeça.

– Não quero uma caça-dotes. Deve conhecer alguma garota com os pés no chão que está procurando ser a musa de um comentador social desajeitadamente atraente. Foi assim que a *Spin* me chamou.

– Que seja. Você é muito convencido.

– Ah! Na realidade, sabe de quem eu gosto? Daquela Laura, a que faz o comercial de perfume. Ela é linda; parece uma garota Vargas. Por que está estremecendo?

Irina podia sentir os espasmos nas pálpebras. Era muito estranho.

– É uma vaca chorona. Você não gosta dela – disse rapidamente.

Foi como se não tivesse dito nada.

– Então, você conhece?

Conhecia. Morava com ela. Aturava. E a viu beijar a foto além da conta.

– Não vai acontecer. Mude o assunto.

– Tudo bem. O que está acontecendo com você e Javier? – Dean sorriu, cruzando os braços e se apoiando na cadeira. – Conte tudo ao tio Dean.

Contar a Dean levou horas. Saíram do restaurante e acabaram em uma sinuca com mesas azuis em Menilmontant. O jogo de Irina foi completamente prejudicado enquanto dissecava, analisava e teorizava tudo que Javier havia dito naquele dia.

– Você é tão burra às vezes – Dean disse afinal, encaçapando uma bola amarela no canto. – Está agindo como uma garota.

– Eu sou uma garota! – irritou-se Irina. – Viu, peitos, quadris?

— É, mas não é uma garota normal, exceto quando se trata desse cara — resmungou Dean, com a atenção no jogo. Deu outra tacada vitoriosa e passou giz na ponta do taco. — Se fosse qualquer outra pessoa, marcharia até ele, diria o que estava sentindo e perguntaria, não, *exigiria* que ele parasse com os joguinhos mentais e dissesse o que sentia.

Dean tinha razão. Muita razão. Tudo bom e resumido, mas...

— Não consigo — Irina admitiu. — Deveria, mas não é possível. Não sei nem por quê.

— Ah! Ganhei! — comemorou Dean, encaçapando a última bola antes de virar para ela com uma expressão arrogante. — A razão para isso é que morre de medo de qual possa ser a resposta.

Irina não teve escolha senão fazer uma careta, enquanto tentava processar esta revelação assustadora.

— Você fala tanta besteira. É situação muito complexa, mas você é muito burro para enxergar.

— *Bock bock bock* — Dean entoou suavemente, o que desconcentrou Irina singelamente. — Estou fazendo ruídos de galinha. Não soam assim na Rússia? Vamos, Rina. O que você vive me dizendo? Ah, sim, hora de virar homem.

— Cale a boca, seu idiota!

— Você não aguenta a verdade, *baby*. — Dean sorriu e continuou sorrindo mesmo quando o cutucou nas costelas com o taco. — Vamos, mais uma partida para eu acabar com você outra vez.

Ele obviamente gostava do rosto dele assim porque parou de provocar e Irina conseguiu se recuperar nos últimos dois jogos. Mais um e ficaria três a três

— Quer aumentar os termos? — Dean perguntou repentinamente, cutucando a ponta da mesa com o taco. — Uma pequena aposta para deixar as coisas mais interessantes?

Irina não confiava no olhar manhoso no rosto dele.

– O quê?
– Não sei. Dinheiro parece um pouco monótono, deve haver alguma coisa minha que queira.

Pensou no assunto por um segundo.

– Você tem apartamento em Londres, certo? Eu ganho, você deixa me mudar e usar como base. Pago aluguel se quiser.

Dean considerou a proposta.

– Parece bom, quase nunca vou e tem dois quartos, bem, três, mas transformei um em estúdio caseiro. Vinte e quatro canais, uma máquina de mixagem...

Irina o interrompeu antes que ele começasse a ficar chato com o papo do equipamento de gravação.

– O que você quer?

– Se eu ganhar, você tem de me arrumar um encontro com sua amiguinha Laura.

– Ela não é inha, é grande como uma casa, e não é minha amiga! – Ele estava armando o tempo todo, e ela caiu como um patinho. – Nem pensar. Peça outra coisa.

– Então acha que vai perder? – Dean arqueou a sobrancelha como um vilão de pantomima. – O que aconteceu com sua onda competitiva altamente desenvolvida?

– Vou acabar com você, inglesinho! – rosnou Irina, balançando o taco como uma espada. – Não ligo se quer sair com a vaca gorda, porque não vai ganhar.

– Veremos – disse Dean, estendendo a mão. – Também tenho um grande lado competitivo. Mas vamos selar o acordo com um aperto de mãos, não vou aceitar que fuja da aposta depois que eu encaçapar todas estas bolas.

Irina apertou a mão com toda a força, mas Dean nem sentiu. Tocar violão o dia todo deve ter fortalecido os dedos.

– Tudo bem, valendo – Irina disse em tom desafiador. – Comece a fazer minha cópia da chave.

Dean acabou com um jogo. Em um momento Irina estava passando giz no taco e arquitetando uma estratégia, no seguinte não havia mais bolas e Dean estava fazendo uma dancinha da vitória muito indigna.

– Diga a ela para vestir alguma coisa preta e colante – disse de forma sedutora.

Ela não era o tipo de pessoa que renegava um acordo, mas se Dean não parasse de perguntar quando o "encontro gostoso com sua amiga gostosa" seria, Irina ia considerar seriamente fugir do país sem deixar endereço.

Mas Irina não teve chance de cuidar de Laura. Quando estava em Londres, Irina estava em Miami. E quando Laura estava em Londres, Irina estava em Berlim. E não podia ligar para Laura, pois não faziam isso. Nunca nem trocaram telefone.

Não era como se Laura fosse recusar um encontro com alguém havia descrito para Candy como "meu futuro ex-marido, pois nos casaríamos naquele torpor romântico e passional, que se desgastaria, mas sempre nos amaríamos". Meu Deus, como era melosa. Contudo, Irina nunca queria estar em uma posição em que fizesse algum favor para Laura. Ou pior, que Laura fizesse favor a ela. Favores significavam que estava em dívida com alguém.

Mas, por falta de sorte, quando Irina chegou de volta a Camden em uma noite chuvosa de maio, Laura estava lá, tirando uma pilha de roupas molhadas da máquina.

– Ah, é você – disse Laura, levantando os olhos da pilha de roupas escuras.

– E você – disse Irina, pegando o sorriso de escárnio a tempo. Deixou a mala perto da porta da cozinha e abriu a geladeira. Um monte de comida com etiquetas com nome de outras pessoas a encarou de volta. Explorou um pouco mais a geladeira e contemplou a possibilidade de roubar um dos iogurtes de Candy, quando ouviu uma tosse atrás de si.

— Minha mãe veio passar o fim de semana e trouxe, tipo, bolos caseiros e biscoitos, o suficiente para alimentar um exército — disse Laura. — Não posso comer, Hadley não consome açúcar nem carboidrato, e Candy está em Nova York.

Jesus. Por que demorava tanto para chegar ao ponto?

— Acho que pode ficar com eles — prosseguiu Laura. — É muito desperdício jogar comida fora.

Irina fechou a porta da geladeira.

— Cuspiu neles?

— Não — disse Laura. — Apenas envenenei com arsênico.

— Está fazendo piada? — perguntou Irina, porque nunca tinha certeza com aquele sotaque ou com a completa falta de senso de humor de Laura.

— Aviso cinco segundos antes se sentir uma piada vindo, para que tenha tempo de se preparar — respondeu Laura, colocando metade da roupa de volta na máquina. — A comida está no meu armário, NÃO coma minhas batatas sem gordura, e estas coisas vão secar em uma hora, então pode usar a máquina depois.

Foi a conversa mais civilizada que tiveram em... bem, Irina não conseguia se lembrar da última vez que tinham tido uma, o que era bom. E a foto de Dean cheia de batom ainda estava na parede. Agora, se pudesse simplesmente fingir que estava fazendo uma gentileza a Laura por pura bondade do coração, então talvez Irina até pudesse manter alguns rastros de dignidade.

A chance de Irina veio mais tarde, quando estava esticada assistindo a *Supernatural* e trabalhando de forma metódica no consumo de doces da senhora Laura — apesar de a filha ser uma mala, a mulher sabia fazer bolo. Também não havia deixado de notar a pilha de panfletos de imóveis na mesa. Realmente parecia que o lar não tão feliz estava prestes a se romper.

Laura saiu do banheiro, com o rosto nu e de pijama. Só por um segundo a respiração de Irina falhou ao ser pega de surpresa pela beleza da outra menina, como se a visse pela primeira vez. Garotas como Laura sempre conseguiam o que queriam, como encontros com astros do rock. Enquanto Irina tinha de lutar como um cachorro por tudo. Pela milionésima vez, não era justo.

Irina balançou a cabeça impacientemente. Não adiantava enrolar quando tinha de cumprir a promessa que fizera a Dean. Contudo, Laura viu Irina acomodada no ninho de almofadas e estava recuando.

– O bolo está bom – Irina disse rapidamente, tentando mantê-la ali mais um pouco. – Agradeça a sua mãe por mim.

Laura quase ficou vesga.

– Está me agradecendo?

– Bem, a sua mãe, mas mesma coisa – esclareceu Irina. – O bolo de chocolate dela é quase tão bom quanto bolo de chocolate russo. – Na realidade era melhor. Muito, muito melhor.

– Você tem tanta sorte – Laura disse quieta, dando alguns passinhos até estar quase na sala. – Pode comer o que quiser, não faz exercício, e nunca engorda.

– *Jav...* – Droga! Declarou moratória naquele nome. – Algumas pessoas acham que tenho teníase – disse Irina –, mas minha família toda é magra. – Lançou um olhar avaliador para Laura, que parecia ter perdido alguns quilos, o que significava que havia aumentado a carga de exercícios e diminuído a comida. Também significava que o humor estaria instável. Hora de arriscar um elogio. – De qualquer forma, a coisa da gordura funciona com você. Todas as russas a detestam por trazer as curvas de volta.

Os lábios de Laura tremeram.

– Sabe o quanto me chateia quando usa a palavra com G? – perguntou com sua voz de querubim.

— Eu não falei palavrão...

— Estava falando de *gordura*! Só o que faz é falar sobre a minha aparência, e me machuca muito. — Laura desviou o olhar, um sinal claro de que as lágrimas apareceriam em breve. — Você me faz sentir como um calombo que não merece estar aqui.

Irina se mexeu desconfortável. Seus meses de guerra psicológica valeram a pena, mas estava começando a parecer uma vitória vazia.

— Conseguiu o contrato Siren, *ja*?

— É, consegui, mas em uma temporada o visual atlético volta, ou visual abandonado entra na moda, e eu acabo. — Laura sentou-se em uma das poltronas. — Tive de trabalhar horrores para conseguir isso, e, sim, tive sorte também, sei disso, mas não tanta sorte quanto você.

— Não tenho sorte! — protestou Irina. — Não peguei uma campanha de perfume de milhões. Só entro em avião, saio de avião. Poso isso, poso aquilo.

— Mas você nem queria ser modelo, e simplesmente caiu no seu colo. Foi agendada desde o princípio; fez várias campanhas famosas e praticamente todas as edições estrangeiras da *Vogue*, fez comerciais de TV e clipes e faz muito mais desfiles do que eu. — Laura contou a longa lista de conquistas de Irina nos dedos. — Não liga para como isso tudo é legal. Eu sempre quis ser modelo, mas sei que tenho vida curta, sou como um iogurte, e você é como uma caixa de leite longa vida.

— Não entendo a referência — Irina disse carrancuda. — E fala besteira. É, tento ganhar muito dinheiro, mas amanhã posso sair de moda também.

Laura riu e começou a passar pela pilha de revistas de moda na mesa.

— Ah! — disse, abrindo uma, e passou as páginas antes de mostrar a Irina uma foto. — Acredite, com setenta anos você ainda vai estar trabalhando. Veja!

Irina não conseguia nem lembrar onde as fotos foram tiradas. Todas as suas sessões pareciam se juntar em um carrossel infinito de estúdios e luzes brilhantes. As duas páginas se dividiam em oito fotos de Irina. Apenas Irina com um vestido preto em um fundo branco, sem maquiagem, fazendo caras diferentes, cada uma mais idiota do que a outra. Tinha uma vaga lembrança de um fotógrafo muito efeminado rindo enquanto ela fazia sua cara de gueto, e depois a cara de modelo arrogante, e até sua cara de Laura, mas nunca imaginou que parariam em uma revista.

— Ninguém nunca me diz que sou linda! — disparou Irina. — Recebo "afiada", "notável", "selvagem" e "diferente", e outras palavras que significam que não pareço as outras meninas.

— Mas tudo isso é bom! Você é única! De único em mim é só o tamanho do meu traseiro... — suspirou Laura. — Juro por Deus, Irina, você precisa relaxar e começar a se divertir sem ser apenas com comida porcaria.

Desde quando Irina era a menina que assentia quando recebia conselhos não solicitados?

— Eu me divirto — disse amuada. Divertia-se com Dean, apesar de isso geralmente envolver troca de insultos e resmungos. E se divertia... correção, *costumava* se divertir com Javier, quando não estavam discutindo. Deboches, lutas e faniquitos sempre foram divertidos, mas não podia mais fazer isso. Então agora nada era tão divertido quanto um saco de batatas com sal e vinagre. Era realmente patética! Mas ainda não havia jogado seu coringa.

— Gosta de se divertir, Laura?

Talvez fosse a primeira vez que a chamava pelo nome, e não por "gorducha". Talvez fosse por isso que a outra menina tenha ficado tão desconfiada, como se Irina estivesse prestes a colocar o dedo na tomada.

– Claro! Por quê?

Irina deu de ombros.

– Por nada. – Ficou em silêncio por cinco segundos. – Sair com aquele cara dos Hormônios seria divertido?

– Não, não seria divertido – disse Laura, ruborizada. – Porque significaria que estaria morta e no paraíso. Pois no paraíso sairia com Dean Speed e comeria toneladas de chocolate sem engordar.

"Um simples sim ou não teria bastado", pensou Irina, agindo com cautela.

– Conheço Dean – disse casualmente. – Fiz aquele vídeo com ele, *ja*?

De repente, tinha a atenção indivisível de Laura.

– Ted nunca me disse isso... – suspirou. – Meu Deus, espere.

Irina assistiu maravilhada enquanto Laura se levantou, deu duas voltas completas na sala, depois se sentou outra vez.

– Certo, conte tudo e não pule nenhum detalhe. Qual é a altura dele? É cheiroso? Está saindo mesmo com aquela horrorosa daquela Sandrine? A banda era tão melhor antes de ela entrar. Porque Karis a viu no maior amasso com outro cara em uma boate em Barcelona.

Era como assaltar uma velhinha deficiente física. Fácil demais.

– Arrumo encontro com você e Dean – Irina disse casualmente, como se estivesse oferecendo para Laura comprar uma caixa de Tampax na próxima vez em que fosse a Sainsbury. – Se quiser.

Agora era uma simples questão de arrumar algo em troca – mas o quê? Não calçavam o mesmo número, e Laura tinha no mínimo dois tamanhos a mais de vestido. Claro, sempre tinha a bolsa Marc Jacobs nova, que ela não parecia amar tanto quanto amava Dean. E então Irina percebeu que estava sorrindo triunfante, e cinco minutos mais cedo do que deveria.

— Está sorrindo. Por que está sorrindo? — perguntou Laura. — E por que está me oferecendo um encontro com Dean Speed? Aposto que nem o conhece.

— Estou na porcaria do clipe dele! — Irina pegou o telefone e passou pelas fotos até achar uma dos dois posando para a câmera. — Viu, prova!

— Mas estava sorrindo. — Laura não ia esquecer disso tão cedo. — Está arrumando só porque sabe que isso me deixaria mais feliz do que um metabolismo acelerado? Até parece! O que você ganha com isso?

Irina tinha de tirar o chapéu para a garota. Era um pouco menos burra do que imaginava.

— Ele me ganhou na sinuca, então prometo um encontro com você para ele.

— Mas eu e você não somos amigas. Poderia ter dito que perguntou e eu não aceitei.

— Não quebro promessas — Irina disse com convicção. — Se digo que faço uma coisa, então faço.

Agora Laura estava rindo enquanto esticava as pernas e braços e vibrou com estilo.

— Sempre soube que este dia chegaria, mas nunca esperei que fosse tão cedo, ou que estaria com pijama da Hello Kitty. — Estava com um daqueles sorrisos de Pollyanna que Irina detestava, pois mais uma vez tudo que queria estava caindo em seu colo. Mas Irina não estava nem perto. — Finalmente, tenho poder sobre você *e* posso sair com o homem mais obscenamente bonito do mundo. Não há nada de ruim nisso.

— Mas se quer sair com ele, então não tem poder sobre mim — destacou Irina.

– É, mas agora que sei que ele tem interesse posso pedir para Ted ligar para o pessoal dele e fazer acontecer! – Laura bateu as mãos em êxtase. – A não ser que me faça um favor. Eu estava deprimida antes, e agora acho que posso capotar de felicidade.

Irina não achava que fosse possível, mas preferia Laura quando estava resmungando e chorando.

– Que favor? – perguntou de forma concisa, imaginando uma longa lista de exigências e contraexigências, como não comer nada com conteúdo calórico de mais de cem na frente de Laura e lavar sua roupa.

Era pior do que isso.

– Tem de pedir desculpas para Hadley – Laura disse instantaneamente porque nem precisava de tempo para pensar. – E tem de parecer convincente.

Isso era tão típico de Laura, pegar alguma coisa completamente altruísta, em vez de mirar direto na jugular. Irina jamais poderia respeitar isso.

– Só Hadley, Candy não? – esclareceu.

Uma ponta de irritação surgiu no rosto de Laura e lá ficou.

– Nem me fale sobre Candy! – sibilou. – Ela me irritou pela última vez.

– Então peço desculpas a Hadley e você sai com Dean?

Laura assentiu.

– E não faça nada daquela coisa agressiva de deixar presentes. Tem de falar para ela que errou feio e que sente muito. – Lançou um olhar severo a Irina. – Feriu muito os sentimentos dela, e Candy tem infernizado desde então.

Irina olhou para os próprios pés. Não importava o quanto ganhava por dia, ou quantas capas conseguia, sua habilidade de decepcionar pessoas nunca mudava.

– Tudo bem – concordou afinal. – Resolvo as coisas com Hadley.

– Ótimo – Laura disse com uma satisfação arrogante. – E eu te dou uma lista de datas em que estou livre para sair com Dean... – suspirou sonhadora. – Não sei o que vou vestir, planejo isso desde os quinze anos, e ainda não pensei nas opções do guarda-roupa.

Capítulo Vinte e Sete

Irina sempre deu como certo que Hadley estaria por perto quando precisasse dela para dicas de maquiagem, ou para falar mal de Candy. Sua presença toda vez foi constante durante os velhos tempos em que estava de ressaca ou se lamuriando pelo apartamento, franzindo como se a luz estivesse clara demais ou a TV muito alta.

E mesmo quando se ajeitou, ainda estava em Londres fazendo o filme ou apresentando aquele programa brega de auditório às sextas-feiras, ou se agarrando com Reed. Entretanto, agora, de acordo com Derek, seu agente, "está com a agenda cheíssima. No momento, está em reuniões em Hollywood antes de ir para a Austrália. Talvez possa passar o recado".

Então Irina deixava recados, pois Hadley havia trocado o número e não se incomodou em avisar para sua ex-mais ou menos amiga desta novidade. Frequentemente imaginava como Hadley havia ficado famosa quando tinha o instinto assassino de um coelhinho, mas agora sua resistência em não retornar os recados de Irina faziam todo o sentido.

Quando Irina descobriu que Hadley estava em Londres há três dias e continuava mantendo silêncio total, só havia um curso de ação possível. Foi para aquele beco sem saída em Primrose Hill onde Reed estava alugando uma casa e bateu em cada porta até o próprio atender.

— O que você quer? — perguntou, passando a mão no cabelo já bagunçado.

— Preciso falar com Hadley. Ela está?

— Não — Reed disse rapidamente, rápido demais, com uma olhada quase imperceptível por cima do ombro.

— Tudo bem, espero — Irina disse decisivamente, empurrando Reed do caminho enquanto passava por ele.

— Não pode sair entrando aqui — reclamou Reed, mas já podia ouvir a voz da mulher da casa flutuando pelo corredor.

— Senhor C-C, já disse um milhão de vezes que o papai fica bravo quando você mastiga os tênis dele, mesmo que sejam horrorosos. Você é um cachorro muito levado.

Irina podia sentir os olhos de Reed tentando queimar um buraco nas suas costas enquanto trotava pelo corredor em direção à cozinha onde Hadley estava empoleirada em um banco, tomando alguma coisa verde clara e algumas folhas flutuando. Pareceu completamente espantada quando Irina entrou.

— O que está fazendo aqui?

— Ela veio entrando — Reed disse atrás. — Jesus, Hads, não o deixe sentar na bancada de café da manhã, é muito anti-higiênico.

Hadley olhou para o senhor C-C impressionada, como se não soubesse como ele havia conseguido subir ali.

— Ele sobe alto à beça — entoou. — Você é meu menininho corajoso? — em seguida, desligou o modo mamãe carinhosa quando se lembrou que Irina ainda estava ali, e que ainda estava irritada com ela. — Como ousa vir até aqui?

— Deixei muito recados, mas nunca responde — disse Irina, apoiando-se no balcão e lançando um olhar a Reed com gosto. — Você foi muito grossa, Hadley, nunca espero isso de você.

Ela esperava o engasgo de raiva de Hadley porque a melhor defesa é o ataque. Sempre foi e sempre seria.

— Bem, não acho justo...
— Sinto muito, tudo bem? Desculpe a chantagem com filme, e desculpe eu dizer Candy que vocês estavam tran... *envolvidos*, e que ela foi muito vaca desde então. Desculpe. Agora supere.
— Não é tão simples assim — Hadley disse afetadamente. — Foi, tipo, como se você tivesse me apunhalado pelas costas e depois cuspido no meu corpo ensanguentado e...
— Desculpe por isso também — Irina respondeu implacavelmente, apesar de Hadley estar estendendo demais a metáfora.
— E levou *semanas* para olhar dentro de si e perceber que a culpa era da sua psique profundamente ferida que...
— Desculpe por isso também — Irina disse entredentes. — O que quer que você e o terapeuta quiserem jogar em cima de mim, tudo bem! Desculpe. Aceite ou não, mas pare com essa psicologia.

Irina se enganou; podia lidar com a descoberta. No entanto, não ia deixar Hadley se meter tanto no acordo.

— Precisa trabalhar sua raiva, Irina.
— Anotado — disse com um sorriso congelado, apesar de, na realidade, querer dizer "não encha". — Agora aceita desculpa ou não?

Hadley tomou um gole do líquido verde, refletindo.
— Aceito, eu acho. — Mas quando Irina estava começando a se abrir, Hadley sorriu malevolamente. — Isso quer dizer que está em período de avaliação.
— Que seja... — suspirou Irina, catando o telefone para poder mandar uma mensagem para Laura: HADLEY OK, DEAN PODE SEXTA. Apesar de ainda ter alguns caracteres disponíveis, não utilizou a palavra "gorda", o que provava que estava virando uma frouxa.

Reed não parecia estar completamente satisfeito com o acordo de paz que Irina havia acabado de conseguir. Abriu a boca para dizer alguma coisa, mais foi interrompido pela campainha.

— É meu táxi — ele disse, pegando uma mala de couro, antes de dar um beijo casual na testa de Hadley. — Se pegar o carro emprestado, não passe perto da zona de congestionamento, *baby*.

Hadley assentiu, apesar de Irina ter certeza de que ela nem sabia o que era a zona de congestionamento.

— Tudo bem, amor, não esqueça as vitaminas — disse, acariciando a bochecha dele enquanto Reed colocava uma coisa na boca.

Irina tentou não encarar, mas invejava a intimidade fácil dos dois. Como podiam ser eles mesmos sem preocupação com rejeição ou gargalhadas na cara.

— Não a perdoei — Reed disse suavemente ao ouvido de Irina, como se ela se importasse, mas depois saiu e ela ficou sozinha com Hadley, que estava olhando para o Sidekick. — Mensagem de Laura — observou em voz alta. — Oooooh! Ela vai sair com aquele cara sujo dos Hormônios.

— Eu sei — disse Irina, sem conseguir resistir o impulso de melhorar sua imagem com Hadley. — Eu, eu que arranjei.

Os frequentes engasgos de raiva de Hadley não eram algo de que sentia falta.

— Ah, você! Por que faria algo assim?

— Porque perco aposta, que Laura sabe, mas não liga a mínima. Interessada demais em colocar as mãos grudentas em Dean, né? — "Né" era a mais nova gíria de Irina, apesar de ela nunca ter muita certeza de como utilizá-la em uma frase.

— Mas ela não sabe que Dean é seu namorado! — Hadley parecia prestes a voar do banco em frustração. — E não tente negar. Javier me contou tudo!

Irina havia treinado a nem sequer pensar no nome, mas só de ouvir Hadley dizendo com sua voz feminina e sem fôlego fez todos aqueles sentimentos esquecidos voltarem com tudo. Arrependimento era uma praga pior do que Candy.

– Quando o viu?

– Vi o portfólio dele, e ele fez umas fotos de publicidade para mim. – Hadley se permitiu um pequeno sorrisinho triunfante.

– Ele está com um preço muito razoável agora e me deixa mais madura sem parecer mais velha. É um gênio!

Ah, Irina tinha algumas palavras para descrevê-lo, e nenhuma delas começava com G. Bem, exceto "grosso".

– E falaram de mim?

– Tínhamos coisas muito mais importantes para conversar do que *você* – Hadley disse de forma afiada. – Como que luz era melhor para mim, e se uma lente olho de peixe deixariam meus quadris grandes. Além disso, você é a última coisa de que Jav quer falar, depois que quebrou o coração dele e pisou em cima com seus tênis sujos. – Hadley olhou para os sapatos de Irina, como se ainda estivessem sujos de sangue.

– Não quebro o coração dele – vociferou Irina. Quebrar o coração de alguém implicava que a pessoa estivesse perdidamente apaixonada por você, o que não foi o caso. – Ele só queria ficar casualmente, foi o que teve e depois ele...

– Bem, não sei os detalhes porque não falamos sobre você, mas ele disse que você não tinha um osso romântico e amoroso no corpo, que estava namorando Dean e que não parava de lembrá-lo em todas as oportunidades. Não é legal, Irina.

– Eu não... não... Dean é só meu amigo, e Javier, eu odeio ele. Não serve para ficar na mesma sala que eu. – Irina se levantou para ficar alta e orgulhosa. – Não sabe ser namorado adequado mesmo se recebesse instruções. Com itens!

Hadley deu de ombros, como se a conversa tivesse durado demais e sua atenção estivesse desviando.

– Bem, ele parecia bem abalado, mas Reed vai arranjar encontros com algumas atrizes que ele conhece. Todo mundo adora Javier, ele é tão ardente, passional e bonito. Não tão bonito quanto Reed, mas um pouco bonito. Bonitinho, diria.

Quando Hadley quisesse se calar sobre Javier e a suposta beleza, tudo bem com Irina.

– Vou agora – disse abruptamente, porque só uma ida a um restaurante indiano e duas porções de frango *biryani* e um pouco de pão *naan* poderiam preencher o buraco que, de repente, se abriu em seu peito. – Estou feliz que ajeitamos as coisas.

O engraçado é que era verdade. Hadley irritava em boa parte do tempo. No entanto, irritante de um jeito bom e divertido que deixava Irina positivamente bem ajustada em comparação.

– Eu também – Hadley sorriu. – Vou verificar se Candy está fora do país e voltar um pouco para o apartamento. – Em seguida, se lembrou de algo muito importante. – Mas ainda está em teste. Existem alguns termos, mas digo quais são depois.

Irina mal podia esperar.

***

Já houve grandes filmes, até guerras e funerais com menos planejamento do que o encontro de Dean e Laura.

Irina ficou até feliz em conseguir um trabalho horroroso em Dubai, um desfile para algumas esposas de um sheik rico, para não precisar ouvir. Entretanto, havia se esquecido daquele aparelho tecnológico astuto chamado celular, com a porcaria do roaming internacional.

Irina havia criado um monstro.

Laura queria saber absolutamente tudo que Dean havia dito sobre ela. Queria verificar mil vezes que a relação dele com Sandrine havia acabado oficialmente e queria saber em que ponto da lista de espera para a bolsa Mulberry ela estava, que combinaria perfeitamente com a segunda opção de figurino.

Dean queria saber a história completa dos relacionamentos de Laura. Há quanto tempo era fã, com uma referência específica sobre Hormônios primeira fase *versus* Hormônios segunda fase. Também queria saber se ela comia de fato ("não quero me empanturrar enquanto ela belisca uma folha de alface") e qual o grau de possibilidade de ela abrir as pernas.

– Mudei o medicamento, então estou bem otimista, se é que me entende – disse a Irina antes de ela jogar o telefone pela janela do hotel, para cair na piscina abaixo.

E quando Hadley começou a se meter com listas de restaurantes londrinos que enviou por fax com títulos como *Melhor por performance, melhor por garçons gatos se o encontro não estiver indo bem, melhor por cardápios de baixo carboidrato*, Irina contemplou a possibilidade de ligar para Ted e perguntar se nunca mais precisaria voltar para Londres.

Mas não foi nada comparado ao dia do encontro de fato. Laura havia passado *horas* em um *spa*. Saiu de casa antes de Irina acordar e agora estava trancada no quarto com Hadley, enquanto risadinhas maníacas e o ruído agudo dos Hormônios vazava sob a porta.

– Ele não vai embarcar em uma com ela... – Candy murmurou da poltrona, onde estava costurando lantejoulas em uma coisa branca e rendada. – Laura é sem graça demais para mantê-lo interessado.

Irina resmungou alguma coisa que parecia próximo de uma concordância. O equilíbrio de poder havia se alterado outra vez no apartamento. Laura e Hadley reinavam e mandavam no controle remoto, Irina estava cruzando uma linha estreita entre aceitação e mera tolerância, e Candy era a semente do mal. Como um estudo antropológico, era interessante observar outra pessoa caindo, em vez de ser a que caía. Também era impressionante que Laura e Hadley pudessem rir e brincar a poucos metros de Candy e fingir que ela não estava no mesmo recinto.

Candy simplesmente empinava o queixo, colocava o iPod no ouvido e costurava mais peças ridículas, mas Irina podia perceber pela ruga na testa o quanto não gostava.

Era muito estranho, mas Irina estava começando a sentir uma pontinha de pena de Candy. Sabia como era ser excluída, e era tão ruim quanto as duas semanas que passou trabalhando em uma lavanderia industrial nos arredores de Moscou.

— Sabe o que é estranho? — Candy perguntou de repente, se inclinando e não esperando pela resposta de Irina. — Naquela noite, quando estávamos em Nova York, tenho a clara lembrança de ter visto você e Dean atracados. Acho até que vi línguas.

Irina se surpreendeu por alguma coisa ter penetrado o faniquito espetacular que Candy estava tendo.

— Na Rússia cumprimentamos amigos com beijo. Não é nada.

Candy não parecia acreditar nem um pouco naquilo.

— É, mas...

— Irina! Venha cá! — Laura chamou. — Precisamos de uma consulta de guarda-roupa.

Candy rosnou em desdém enquanto Irina se levantava para atender a convocação. O quarto estava com um cheiro desagradável, possivelmente por causa da louça suja que empurrou para baixo da cama, pois, do contrário, estaria se escondendo lá. Mesmo assim, qualquer coisa era melhor do que o interrogatório de Candy.

— Estou tendo uma crise de figurino! — anunciou Laura, quando Irina apareceu na entrada. Cada centímetro do quartinho estava coberto por montes de materiais. Uma pilha de vestidos. Uma montanha de jeans. Uma torre de toalhas. Bem, ao menos tinha um sistema. — Preciso saber se ele gosta de meninas roqueiras? E se falar na palavra com G enquanto está aqui, vou matá-la, é o quão estressada estou.

Irina tentou não respirar os vapores asfixiantes da loção corporal, Siren e o odor de cabelo chamuscado, pois Laura sempre ligava os alisadores forte demais. A situação toda fez dedos gelados traçarem um caminho por sua espinha. Era muito longe da sua zona de conforto.

– Ele disse alguma coisa sobre vestidinho preto.

Como Laura estava usando calcinha boy shorts e uma camisola, isso não funcionaria como roupa de encontro. Soltou um ganido e começou a remexer.

– Talvez se eu puser a cinta possa ir com o Gucci?

– Não, você precisa estar confortável em um encontro – disse Hadley, como se fosse o Oráculo. – Principalmente se for jantar. Eu usaria um vestido túnica para não ter de se preocupar com protuberâncias desagradáveis se decidir comer sobremesa.

Laura mudou de direção e começou a mexer em outra pilha.

– Recebi um fax da assistente de Dean – explicou, confundindo Irina com alguém que se interessava um pouco. – Ele vai me levar àquele lugar novo, Canteen, onde você divide a mesa com outras pessoas.

– O que não é tão romântico – disse Hadley. – Mas mostra que quer que esteja em um ambiente descontraído. Obviamente é muito cuidadoso.

Irina fungou de forma insolente.

– Dean não é cuidadoso! – zombou. – Mas fique com a ilusão se te faz feliz.

– Tem certeza de que não está saindo com ele? – perguntou Laura, com olhos se estreitando enquanto colocava algo cinza e justo.

– Dean é um babaca, né? – disse Irina, sem nem precisar se fazer de ofendida. – É arrogante, egoísta e faz xixi o tempo todo. Ah, sim, e arrota depois de comida.

– Então ele é a sua versão masculina?

Irina olhou tão fixamente que mal conseguia enxergar.
– Não arroto.
– Arrota depois que come aquela linguiça russa fedorenta – Hadley riu, e o assunto estava se desvirtuando.
– Não estou saindo com Dean – disse, pelo que parecia a milionésima vez.
– Reed tem uma teoria de que ela estava tentando provocar ciúmes em Javier – anunciou Hadley, como se não tivesse problema falar sobre Irina como se ela não estivesse presente.
Laura se distraiu momentaneamente da pilha de sapatos.
– Sério? E isso funciona de fato fora de alguma peça chata de Shakespeare?
Irina desejou que as duas calassem a boca e morressem ali mesmo. Ou que soubesse alguma fofoca sobre uma das duas. Dividir e conquistar simplificaria muito as coisas e faria com que parassem de falar sobre ela.
– Não tento fazer Javier ciumento, porque já me esqueci dele. Por favor, não me julga pelos seus padrões burgueses e mesquinhos – disse de forma arrogante, apesar de, na realidade, querer gritar do telhado. Em vez disso, voltou o olhar para Laura, que agora estava com jeans juntos e uma bata. – Isso faz você mais gorda do que o normal – disse, já saindo, enquanto um dos sapatos de Laura quase a acertou na cabeça e rebateu no batente da porta.
Por fim, Laura saiu de casa com dez minutos de atraso e Hadley, com um olhar afiado para o amontoado costurador de lantejoulas que era Candy, arranjou desculpas e saiu.
Enquanto a porta se fechava atrás deles, Candy suspirou.
– Quer dividir uma pizza de borda recheada e pão de alho? – perguntou a Irina, procurando o cardápio adequado.
Dividiram uma pizza em um meio silêncio quase confortável até Candy acabar de costurar e Irina acabar de assistir ao *Behind The Music* com o Notorious B.I.G.

— Sabe, Laura ia ficar longe de meninos pelo resto da vida – observou Candy, a troco de absolutamente nada. – Tínhamos toda uma coisa de "garotas solteiras juntas". E sabia que eu também gostava de Dean. Eu gostava dos Hormônios muito antes dela.

Irina decidiu não destacar que Dean não compartilhava do interesse dela. Não era divertido chutar quem já estava tão no chão. Ainda que fosse Candy.

— Eles não têm nada em comum – disse porque era verdade, e fez Candy se esticar um pouco.

— Não têm mesmo – concordou, caindo novamente nas almofadas. – Mas Reed e Tristley também não, mas continuam apalermados como o jovem sonho do amor. É mais do que nauseante.

Candy realmente precisava parar com a costura e sair mais. Se tivesse um namorado, então talvez parasse de se irritar tanto com a vida amorosa dos outros.

— Não tem nenhum menino que você gosta?

— Não! – Candy pareceu escandalizada pela sugestão. – Ouça, Irina, tudo bem, comemos pizza juntas, mas isso não significa que vamos começar a fazer tranças no cabelo uma da outra e a ter conversas profundas e íntimas sobre meninos bonitinhos. *Capiche?*

Irina deu de ombros ao pensar.

— Como se eu quisesse criar laços com você?

— Idem! – irritou-se Candy.

— Tudo bem.

— Ótimo, tudo bem.

Irina foi salva de ter de pensar outra resposta curta quando o Blackberry começou a tocar. Como sempre, seu coração saltou, mas seria apenas Ted, Famke, ou uma das outras três pessoas que telefonavam para ela.

E era. Era Dean.

– Por que está me ligando? – perguntou Irina, levantando e saindo, para escapar do alcance visual de Candy. – Eu falo que ela é chata e melosa, mas você nunca escuta.

– Este é o pior encontro da minha vida – sibilou Dean. – Você precisa vir até aqui.

– Não, acho que não.

– Sim, tem que vir, pois estou prestes a furar meu olho! – insistiu Dean. – Ela mais ou menos me ignorou desde que chegamos aqui, exceto pelo momento carinhoso em que disse que nosso último disco era péssimo.

Irina não conseguiu deixar de sorrir um pouco. Ponto para Laura – quem diria que tinha tanto bom gosto?

– Diga que ela tem uma bunda gorda e que vai para casa.

– Não posso. Venha aqui para que pelo menos as pessoas pensem que peguei duas modelos, mesmo que uma delas esteja me ignorando.

Qualquer coisa era melhor do que ficar em casa com Candy. Irina já estava calçando as sapatilhas.

– O que eu ganho com isso?

– Minha eterna gratidão e batatas fritas para acompanhar – disse Dean, mas com a voz trêmula, o que significava que cederia se Irina o cutucasse levemente.

– Quero seu PlayStation 3, e você me leva no próximo MTV Music Awards – exigiu Irina. Assistir a VH1 mais cedo fortaleceu a decisão de encontrar um namorado rapper.

– Feito – Dean disse logo, sem nem sequer tentar bolar armadilhas para escapar logo mais. O encontro devia estar péssimo.

Irina quase correu pelas escadas; ver Dean sendo nocauteado seria um prazer inesperado. Certamente era melhor do que ficar em casa trocando insultos com Candy, apesar de isso também ser divertido à sua maneira.

Capítulo Vinte e Oito

Mesmo enquanto Irina marchava pelo restaurante, pôde perceber que Laura estava se divertindo à beça. Ria sem parar, com o rosto ruborizado, e quando achava que ninguém estava olhando, se envaidecia.

Dean, no entanto, estava sentado com os ombros caídos. Irina só conseguia ver as costas dele, mas emitia tanta dor e tristeza que Irina queria estapear Laura. Por que estava se jogando para cima do sujeito sem graça quando sua paixão estava bem ali?

– *Yo*, e aí! – disse, cutucando Dean no ombro enquanto sentava ao lado dele. As outras pessoas jantando resmungaram quando deslizaram para abrir caminho para Irina, mas se queriam comer em uma cantina falsa que cobrava caro demais, então que se superassem.

– Desisti da ideia de me esfaquear... – Dean murmurou amargamente. – Dá para ter overdose de sal?

Laura levantou o olhar e acenou para Irina.

– Oi – cantou, como se fossem melhores amigas. – Este é Danny. Uma coincidência estranhíssima, mas é praticamente vizinho da minha avó em Chester.

Danny parecia animadíssimo por ter a avó de Laura como quase vizinha de porta.

– Prazer em conhecê-la – disse tímido, esticando a mão para Irina apertar, mas ela simplesmente olhou com desdém até que ele retraísse.

– Então, Danny, onde estudou? Aposto que algum dos meus primos era da sua série – disse Laura, e Danny virou novamente para ela com um olhar ligeiramente entorpecido, como se Laura fosse o Sol em volta do qual estava feliz em orbitar.

– Tivemos cinco minutos de conversa educada até aquele babaca sentar... – Dean murmurou com o canto da boca. – É um jogador de futebol ou alguma outra coisa que não requer nenhum intelecto. Em seguida, perguntou a Laura se ela ia a alguma boate brega em Manchester, e estão conversando desde então.

– Sim, gosto de morar em Londres – dizia o jogador, enquanto Laura ouvia com atenção como se ele estivesse explicando como dividir o átomo. – Mas não é minha casa, é? As pessoas não são nem um pouco amistosas.

– Eu sei – Irina assentiu vigorosamente. – Você tenta conversar com o homem na loja da esquina e ele quase arranca sua cabeça.

Meu Deus, Laura havia conseguido encontrar alguém tão chato quanto ela. Era como ver tinta secar, mas mais entediante.

– Onde estão minhas batatas fritas? – Irina perguntou, mexendo a boca para Dean.

– Você tem de se levantar e pegar pessoalmente! – irritou-se Dean. – Porcaria de restaurante cantina.

Irina realmente não via qual era o problema.

– Então vá e pegue as batatas. Com *ketchup*.

– Aposto que dizem isso o tempo todo, mas você é uma graça.

Laura sorriu timidamente.

– Você também não é tão ruim. E o gol que fez no sábado foi incrível, apesar de eu estar torcendo para o Manchester United. Você deveria ter vergonha, jogando pelo Arsenal.

– Vou me demitir amanhã cedo – Danny sorriu. – Depois vou implorar para o Manchester assinar comigo, para fazer média com você.

Estavam se apaixonando diante dos olhos dela. Irina sentiu como se devesse desviar o olhar – ou começar a fazer barulhos de engasgo.

Dean colocou um prato de batatas fritas na frente de Irina com tanta força que quase caíram da mesa.

– Inacreditável, cacete – sibilou, sentando e atropelou Irina com os cotovelos. – Está se divertindo, Laura? – perguntou agressivamente.

Laura sorriu vagamente como se mal conseguisse lembrar quem ele era, ou por que estava sentado diante dela.

– Estou, obrigada... – murmurou, antes de se voltar novamente para o admirador apatetado.

– Falei que ela não valia o esforço – disse Irina, pegando a garrafa de cerveja de Dean para engolir um punhado de batatas claramente ruins. – Consegue coisa muito melhor. Arranjo encontro com garota russa.

– Estou dispensando modelos – Dean disse desanimado, e Irina já tinha ouvido aquilo de Javier, então era difícil achar graça.

– Ah, você diz isso, mas os homens sempre se deixam levar por meninas bonitas. – Ela afastou o prato, pois o mau humor de Dean era contagioso. – Só porque tem cabelos brilhantes idiotas e lábios carnudos. Tão previsível.

– Você é uma menina bonita com cabelos brilhantes idiotas e lábios carnudos – destacou Dean, mas Irina já estava lutando para se levantar.

– Vamos, se tiver que continuar olhando para esses dois, vou vomitar.

Dean não precisava ouvir outra vez. Já estava alcançando a carteira, jogando algumas notas para Laura.

– Obrigado pelo jantar. Vamos repetir nunca mais.

Laura conseguiu se afastar de Danny o bastante para morder os lábios e gesticular desamparada.

— Desculpe — ela disse. — Eu estava ansiosa por esta noite, mas... — não havia nada que pudesse dizer, então olhou suplicante para Irina.

— Vamos, Dean — disse Irina, puxando-o pelo pulso. — Estou com fome.

Dean soltou-se dela e saiu, então Irina não teve escolha que não correr atrás dele, enquanto saía do restaurante, tremendo de fúria.

— Sério, na próxima vez que eu pedir para arranjar um encontro para mim, bata forte com alguma coisa na minha cabeça — Dean disse, enquanto caminhavam pela Euston Road. Um saco de batatas e algumas latas de cerveja devolveram seu bom humor. — Não posso acreditar que me dispensou depois de cinco minutos por causa de um chutador de bola. E ele é magro demais para ser bom na defesa.

— Mas é engraçado — Irina lembrou. Deu apoio no começo, mas essencialmente riu. Aliás, riu tanto que teve de implorar para o cara da lanchonete deixá-la usar o banheiro. — Você deveria estar feliz ela arrumar alguém no nível dela. Não acho que fosse possível.

— Uma modelo e um jogador da liga principal — desdenhou Dean. — Que coisa mais mundana e sem imaginação. E ela não era isso tudo em carne e osso. Um pouco sem graça, na realidade. Prefiro meninas mais afiadas.

Atravessara para a Bayham Street e Irina bateu o quadril de Dean no dela. Se Laura e Dean tivessem começado a namorar, teria sido horrível. Teria perdido seu único amigo de verdade. Assim, todos ficavam felizes. Bem, exceto Dean, e ele não parecia tão abalado assim.

— Se não encontra alguém em seis meses, transo com você — ofereceu. — Se conseguir levantar desta vez.

Dean engasgou com a cerveja.

– Brincadeira. Diga que estava brincado.

– Brincadeira – concordou Irina. – Mas vou arrumar passe para o camarim nos desfiles para poder ver modelos de calcinha.

– De verdade? – Dean perguntou ansioso.

– Prometo – disse Irina, balançando as chaves enquanto Dean a envolvia com o braço.

– Você é uma boa amiga, Rina – disse Dean, dando um beijo em sua bochecha. – É a única pessoa do mundo que não tenta puxar meu saco.

Irina estava prestes a concordar quando o corpo ossudo de Dean de repente foi puxado.

– Tire suas mãos sujas dela – disse uma voz familiar, e Dean estava sendo jogado contra umas grades por...

– Javier, o que está fazendo?! – Irina gritou, agarrando o colarinho da camisa dele. – Enlouqueceu?

Capítulo Vinte e Nove

O que Javier estava fazendo era tentar dar um golpe em Dean, que se libertou para poder encarar de um jeito que era garantido de piorar a situação dez mil vezes mais.

— O que foi? — perguntou sordidamente. — Não é um pouco tarde para se preocupar com onde minhas mãos sujas passaram, cara?

— Você é um babaca, filho da mãe! — disse Javier. — Nunca mais vai tocar nela!

Irina desviou quando veio o primeiro soco, e tudo que pôde fazer foi observar com espanto a briga mais patética do mundo. Era ainda mais patética do que a que Hadley e Candy tiveram. Não houve tantos socos quanto puxões de cabelo e dancinha, enquanto um tentava dar uma gravata no outro.

— As mãos não! — gritou Dean. — Nem o rosto. Vou processá-lo, babaca!

— Não vai poder me processar quando estiver no hospital se alimentando por um canudo! — Javier rosnou.

Na humilde opinião de Irina, deviam se concentrar menos na postura verbal e mais na luta de fato, pois nenhum dos dois estava ganhando pontos por masculinidade. Dean agora tentava derrubar Javier, e Javier agarrava a camisa de Dean, e separá-los foi tão fácil quanto agarrar uma orelha de cada um.

— Vocês são completos babacas! — Irina cerrou os dentes enquanto gritavam de dor. — Sei três jeitos de arrancar a orelha com minhas próprias mãos. Querem que eu mostre já?
Não queriam mesmo.
Irina os soltou, mas manteve uma mão de alerta nos peitos inchados de cada um.
— O que está fazendo aqui? — ela perguntou a Javier, que estava completamente vermelho.
— Não digo na frente dele... — murmurou, lançando um olhar negro na direção de Dean.
— Bem, não vou a lugar nenhum — Dean havia se recuperado o suficiente para sorrir. — Então perdeu a viagem, amigo.
— *Não* sou seu amigo.
Irina podia sentir o coração de Javier batendo forte sob as pontas dos dedos e queria passar a mão por cima, queria tirar o cabelo dele do rosto e verificar se estava machucado. Ugh, detestava esses sentimentos tenros; a deixavam com náuseas.
— Por que está aqui? — perguntou novamente, com a voz baixa, mas Javier virou a cara.
— Livre-se dele.
Dean mexia cautelosamente no canto da boca.
— Eu tenho um nome, você sabe. — Realmente não estava ajudando em nada. Aliás, a situação estava completamente fora do comum para Irina. Dois meninos brigando por ela? Hadley ou Laura teriam explodido de alegria, mas Irina deixou as mãos caírem nas laterais e deu de ombros.
— Obrigada por voltar comigo — disse a Dean. — E se não vai falar comigo, por que veio aqui? — acrescentou para Javier, que podia ficar tão desanimado quanto quisesse. Problema dele. — Vou para casa.
Ir para casa levou dez passos, e ainda podia ouvir Dean e Javier atrás. Não gritando. Mas também não pareciam prestes a se tornar amigos.

Irina rodava a chave na fechadura quando Javier, finalmente, subiu os degraus.
— Estava sendo homem.
Isso garantiu uma fungada.
— Hã?
— Em Paris você me disse para agir como homem, então vim aqui para ser o troglodita que você parece querer. Talvez jogá-la por cima do meu ombro...
— Você me joga por cima dos ombros e mato você — disse Irina, só para esclarecer. Na realidade, isso não era importante agora.
— Você veio aqui me mostrar que é homem? Por que faria isso?
Javier rosnou.
— Preferia não ter vindo, pois só o que consegui foi vê-lo passar a mão, tocá-la e passar os olhos em você, enquanto você gostava.
— Eu não... Dean não fez nada disso. Ele é só meu amigo. De verdade — soltou Irina, abrindo a porta. — Pare de falar em rodeios e diga por que está aqui.
— Sabe de uma coisa, Irina? Você é a pessoa mais assustadora e intimidante que já conheci, e é difícil dizer qualquer coisa para você, quando me olha como se eu tivesse acabado de sair do esgoto.
— Não posso mudar a aparência da minha cara estúpida! — estava pensando em convidá-lo para entrar, talvez cuidar dos machucados, mas depois disso podia sair pulando em um pé só e sangrar lentamente até a morte com o arranhãozinho na bochecha. — Não pareço com aquelas meninas com quem você sempre flerta, já entendi.
Javier arruinou seu floreio perfeito, agarrando seu braço e puxando-a pelas escadas. Estava levando a coisa do troglodita longe demais.
— Solte!
— Estava brigando por você lá atrás! — Javier disse furiosamente.

— Não preciso de ninguém brigando por mim. Posso me defender sozinha — Irina passou por ele, marchando para o apartamento sem se importar se ele a seguia.

Pôde ouvir os passos dele atrás enquanto abria a porta do freezer e remexia.

— Ponha isso no olho — disse, jogando um saco de batata ao sair.

— Tudo bem você me mandar agir como homem, mas já pensou em agir como uma garota?

Ela bateu a porta do quarto com força o suficiente para que Candy batesse forte na parede. Irina sentou-se na cama só por um segundo antes de precisar andar furiosamente de um lado para o outro.

O que queria dizer? Agir como uma garota? Ela *era* uma garota; uma garota idiota, dominada pelas emoções o tempo todo. Como Javier podia não ver isso?

Irina se colocou diante do espelho e olhou fixamente para si mesma para ver o mesmo que Javier. Viu uma menina alta e magra com um traço agressivo de rosto, queixo para a frente, punhos cerrados como se estivesse prestes a lutar dez *rounds* em um ringue de boxe. Não era uma figura muito amistosa.

Seus dedos puxaram o elástico. Puxou os cabelos de modo que caíram sobre as bochechas, naquelas ondas espessas que não eram lisas, nem onduladas. Depois Irina se ajoelhou e começou a mexer embaixo da cama, puxando roupas cuidadosamente dobradas que havia guardado ali. Presentes que jurou nunca usar. Fechou as mãos em volta do cetim suave e escorregadio.

Depois que colocou, mexeu em cima da cômoda, revirando a maquiagem que havia juntado, até encontrar um tubo chamado *Sugar Kiss*. Por que batons tinham nomes tão idiotas não sabia, mas Irina tirou a tampa e passou, detestando a sensação pegajosa nos lábios.

Só o que podia fazer era olhar para si no espelho, e tudo que conseguia ver eram rugas rosa, um corpete justo e uma saia fofa balançando nas pernas. Meu Deus, parecia um maldito bolo de casamento! – mas se fosse necessário, até colocaria noivos de plástico na cabeça. Colocaria mesmo.

A única pista que tinha de que Javier ainda estivesse por ali era o fato de não tê-lo ouvido sair. E assim que abriu a porta com cuidado, ele estava lá, tentando parecer digno com um saco de batatas congeladas na cabeça.

A dignidade logo deu lugar a um olhar de "caipira boquiaberto" enquanto Irina colocava as mãos nos quadris e posava com a roupa de boa menina.

— O que você fez? – suspirou, passando os olhos por cada renda e floreio. – Parece que teve uma briga com uma Barbie.

Irina olhou ameaçadoramente, depois reduziu a um beicinho.

— *Consigo* ser uma garota! – disse brava, gesticulando para o fru-fru em tom pastel. – Viu? Garota!

Javier abriu a boca para dizer alguma coisa, mas foi interrompido por Candy colocando a cabeça para fora do quarto.

— Pelo amor de Deus, não briguem no corredor quando estou tentando costurar a mão! – rosnou, e Irina pegou a mão de Javier e o puxou para dentro do quarto. O que, na realidade, não era muito feminino. Deveria ter ficado de lado, com a cabeça abaixada, e deixado que ele...

— O que disse antes? Não precisa me enfrentar... – murmurou Javier, sentado na beira da cama. – Estou do seu lado. Mas você quase sempre dificulta.

— Não está do meu lado – Irina lembrou, se aproximando para poder se erguer sobre ele e encará-lo. Realmente era péssima em ser uma garota. – Primeiro diz que não sai com modelos, depois me dispensa!

— Não saía com modelos, mas depois te conheci, e você foi grosseira e detestável e muitas outras coisas que não deveriam ser atraentes, mas foram, e depois percebi que você nem queria um relacionamento... — Javier parou de falar, e enquanto Irina tentava descobrir se havia algum elogio ali em algum lugar, ele continuou. — Nunca sei o que quer.

— Quero você! — Irina disse quieta, com o rosto mais ardente do que mil sóis. — Não só para sexo, mas para coisas de namorado também. Só que você nunca quer sair comigo.

Javier deitou sobre os cotovelos e contraiu os lábios. Meu Deus, como era lindo!

— Por que diz isso?

— Porque nunca me liga — explodiu Irina, a raiva voltando. — E depois que te forço a fazer planos, quer ficar na praia e ver a Lua em vez de ser visto comigo.

— Era romântico...

— Fiquei com areia na calça! O que tem de romântico nisso? — perguntou Irina, com as mãos nos quadris.

— Não te levei para sair porque não tenho dinheiro — anunciou Javier, o rosto vermelho, combinando perfeitamente com o dela. — Aaron me paga, mas na maioria das vezes trabalho de graça e mal dou conta do aluguel. Não tenho dinheiro para restaurantes caros, boates e garrafas de champanhe. E se não ligo para você, é porque é humilhante não pagar minhas coisas. Você tem seu jeito russo, e eu tenho meu orgulho masculino sul-americano.

Irina não podia acreditar no que estava ouvindo.

— Nunca pedi para comprar champanhe. Tem gosto de xixi de gato. Compra pizza e cerveja e está tudo bem.

— É, Beatriz dizia isso até começar a fazer muito sucesso, e depois foi embora só porque eu não podia mantê-la coberta de diamantes e bolsas de grife. – Javier esfregou as mãos nos olhos e parecia cansado. Não cansado, mas exausto, como se a vida tivesse sido sugada dele. Um dia, Irina encontraria essa Beatriz, e iam brigar. Ah, iam. – Você me lembra ela às vezes porque tem sempre que ser como quer, Irina. Fica tão ocupada sentindo raiva do mundo que não sobra espaço para mim.

– Abro espaço para você. – Ela agora estava perigosamente perto de implorar. – Vejo especialista de controle de raiva para encontrar novos jeitos de expressar frustração. – Irina ficou em silêncio. – Não está funcionando bem.

Esperava que Javier sorrisse, mas ele só pareceu mais derrotado.

– Nunca vamos ter um relacionamento, vamos? Só o que fazemos é transar ou discutir, e todos os grandes gestos dramáticos do mundo não vão mudar isso.

Ele havia desistido dela. Fora a briguinha patética com Dean, ele nem estava preparado para lutar por eles. Irina se jogou no chão, como prévia de mandar Javier sair, mas não foi isso que ouviu saindo de sua boca.

– Você diz que me dá o que quero, desde que não seja champanhe, mas o que quer de mim?

Javier nem precisou pensar

– Quero que seja suave às vezes.

Não a queria selvagem; a queria fraca. Eram a mesma coisa. E fraqueza estavava no topo da lista de muitas coisas que Irina não fazia. Havia aprendido a lição cedo. Quantas vezes a mãe deixara o pai voltar, apesar das brigas, dos porres e dos hematomas? Aparecia com um ramalhete de flores e um sorriso falso de arrependimento, e ela sempre o aceitava de volta.

A fraqueza não colocou milhares e milhares de libras em sua conta, deixando-a pronta para comprar para a mãe uma casa de quatro quartos no Triângulo Dourado.

Lutar por tudo que tinha era a única coisa que Irina sabia, e não ia abrir mão disso, nem por Javier. Perderia a vantagem, os trabalhos desapareceriam, e seria apenas mais uma garota que desistiu de tudo por amor e descobriu que não bastava. Amor não pagava contas, não punha comida na mesa, nem forçava as pessoas a respeitarem-na. Suavidade era para perdedores.

– Não! – disse, balançando a cabeça sem olhar para ele, pois não suportava ver decepção em seu rosto. – Dou qualquer coisa menos isso. Uso vestidos rosa para você, seguro sua mão e te apresento para as idiotas que moram comigo, mas não deixo tirar minha dureza. É pedir que escolha você em vez da minha carreira. Então, não. Não fico suave por você.

Javier já estava levantando cambaleante.

– Você parte meu coração... – murmurou. – Não consegue deixar ninguém entrar, consegue? Bem, espero que goste de solidão, porque isso é tudo que terá no futuro.

Deveria haver uma resposta malcriada de imediato, mas Irina tinha a terrível sensação de que Javier tinha razão.

– Saia! – disse secamente. – Acabamos aqui.

Capítulo Trinta

Observando de perto as colegas de apartamento em situações de angústia emocional, Irina sabia que deveria levar para a cama um brinquedo de abraçar, várias barras de chocolate e uma caixa de lenços, até superar a dor.

Exceto que estava muito bem, obrigada. Como disse a Candy no dia seguinte.

– Ouvi Javier sair daqui batendo porta tarde à beça – disse Candy enquanto preparava um achocolatado. – E antes ouvi gritos.

Irina esperou a inevitável explosão por ter acordado Candy, mas acabou não vindo. Em vez disso, a afagou gentilmente no braço.

– Você está bem?

– Estou – Irina respondeu resoluta. – Não é problema.

– Quer chocolate? Tenho um estoque de Kinder ovo no meu armário.

– Não estou com fome – soltou Irina, e foi difícil perceber quem ficou mais chocada. Ela *sempre* estava com fome.

– Oh, Irina... – Candy suspirou com um olhar de sabedoria. – Não sofra por ele. Todos os meninos são idiotas completos, e você fica melhor sem ele.

Desde quando Irina recebia conselhos amorosos de Candy, dentre todas as pessoas?

– Já o esqueci. Não preciso de um homem para me completar.

– Depois se calou antes que pudesse soltar alguns versos de *Independent Woman*.

Candy acabou de jogar pedaços de chocolate no liquidificador.

– Isso mesmo! Não há nada que um homem possa fazer por mim que eu mesma não faça! – disse furiosa, com o dedo a postos para produzir leite com chocolate. – Amigas são eternas, meninos que se *danem*!

– Melhor colocar a tampa primeiro – destacou Irina, e pensava sobre como seu reflexo parecia ter falhado quando se ouviu o ruído de uma chave girando e Laura entrou, toda rosada e com olhar sonhador.

– Estou apaixonada – anunciou, e como se não fosse ruim o bastante, avançou para envolver Irina em um abraço com cheiro de Siren. – E tudo graças a você.

– Saia. De. Cima. De. Mim!

– Eu e Danny passamos a noite acordados – sorriu Laura, soltando Irina para que pudesse rodar pela cozinha. Ela nem notou Candy pegando a faca de pão e fazendo movimentos de punhalada nas suas costas. – Não aconteceu nada. Só conversamos. Parece piegas, mas concluímos que fomos amantes em uma vida passada, pois nós, tipo, nos conectamos e temos tanto em comum e...

Voltar para a cama com uma semana de guloseimas parecia uma ótima ideia.

– Ele é jogador de futebol! – irritou-se Irina. – Transa com qualquer coisa que se mexa e acaba com sua carreira se levar fama de Maria Chuteira. – Ela realmente precisava aprender a pensar antes de falar. – Por outro lado, você parece feliz, continue saindo com ele.

Laura nem a ouviu.

– Vou vê-lo novamente hoje à noite. – Disse extasiada. – Estar apaixonada não é a melhor coisa no mundo?

Ao menos tinha o trabalho para tirar a mente de Irina o fato de que ninguém a amava e de que estava destinada a passar o resto da vida sozinha até chegar aos últimos dias em uma cobertura em Nova York com centenas de gatos como companhia. Ela nem gostava tanto assim de gatos, mas precisaria de alguém com quem conversar.

Apesar de ter certeza de que sua tristeza estava estampada no rosto, sua agenda estava completamente lotada com primeira, segunda, e até terceira opções pelos próximos dois meses. Por ela, tudo ótimo.

– Faço dois compromissos por dia se quiser – disse a Ted, quando ele a levou para comer um hambúrguer. – Principalmente se não for em Londres. – Jamais passaria horas em quartos anônimos de hotel para ficar toda introspectiva e tudo mais.

– Bem, vamos ver... – Ted murmurou ao passarem pela agenda. – Todo mundo está adorando seu visual mais suave.

Irina tocou o próprio rosto. Continuava sendo planos rígidos e ângulos até onde sabia. De que novo visual suave Ted estava falando?

– Mas não adianta se expor tanto ou trabalhar demais – prosseguiu Ted.

– Gosto de trabalhar muito e ganhar bastante dinheiro. – Até onde sabia, a mãe havia assinado contrato de uma casa nova, depois de muito protesto, e agora Irina trabalhava por uma base em Nova York. Ao menos teria um portfólio imobiliário para mantê-la quente à noite.

– Você emagreceu – disse Ted, olhou criticamente para o seu rosto. – E não tocou nas batatas fritas.

Irina afastou o prato.

– Não tenho apetite. – Era verdade. Comer parecia esforço excessivo no momento. Tentou de tudo, de *sauerkraut* a linguiças fedidas e rosquinhas tamanho família, mas nada parecia preencher o espaço dentro dela.

— Não quero ter de começar a cancelar seus compromissos porque os jornais começaram a chamá-la de anoréxica — disse Ted, em seguida, percebeu que não soava nem um pouco solidário. — Tem alguma coisa de que eu deveria saber? Encontrei com Aaron Murray em uma exposição semana passada, e ele disse que Javier...

Irina estava com os olhos arregalados e, de repente, se agarrando a cada palavra de Ted, pois ele estava prestes a se lançar em um grande discurso sobre como Javier não conseguia viver sem ela, não conseguia comer, dormir, nem sobreviver aos dias porque tudo o fazia pensar em Irina, e que havia cometido um grande erro e, na realidade, era muito legal namorar uma garota que assumia o controle e a responsabilidade e...

— ... fez sua primeira grande sessão de moda para a *Interview* — concluiu Ted, com um brilho maldoso nos olhos. — Ele vai a lugares, Aaron parecia um pai orgulhoso.

— Que seja — Irina disse pesadamente. — Já era hora de começar a conseguir trabalho pago. Agora, qual é o grande trabalho que quer conversar comigo?

Ted deu de ombros como se não tivesse culpa por todos os seus esforços terem sido em vão.

— Sei que não gosta de trabalhar com outras modelos, e Deus sabe que elas não gostam de trabalhar com você, mas esta vai ser a sessão do ano, talvez até da década. São vinte páginas na *Look Book* com dez das quase-supermodelos e Caroline Knight. — Parou de falar e encostou atrás da cadeira, como se estivesse esperando que Irina jogasse o copo de Coca-Cola nele furiosa.

— Legal, quando é?

— Irina, você está bem? Eu disse que vai fotografar com outras nove modelos, incluindo Laura e Caroline Knight, que não é sua maior fã, e talvez você nem esteja na capa, mas sim no interior.

— E já disse que faço. — Era trabalho, e trabalho significava ficar diante da câmera e fingindo ser quem o fotógrafo quisesse que fosse. Que nunca era a verdadeira Irina, e isso a satisfazia muito.

— Acho que deve estar doente por alguma coisa — declarou Ted. — Ou alguém?

Irina pensou em ser grossa com Ted, mas se contentou em puxar o elástico.

— Desde que Aaron não seja o fotógrafo, eu faço! — decidiu com firmeza.

— Provavelmente será Annie Leibowitz e vão fotografar em Nova York... — murmurou Ted, juntando os papéis. — Tenho de voltar para uma conferência, mas se cuide, querida. — Ele hesitou. — Acho que vai aprender muito trabalhando com Caroline.

— Javier diz que tudo que ela faz, devo fazer exatamente o oposto — fungou Irina, ignorando a dor ardente e gigante nas entranhas ao falar o nome dele. Possivelmente o hambúrguer estava malpassado demais.

— Só estou dizendo que acho que ela será uma inspiração — Ted disse secamente. — E seja gentil com as outras meninas. Lembra de como estava puxa-saco quando fazia teste para a campanha Siren? Seja daquele jeito.

Irina podia perceber que Ted tentava cutucá-la, mas ou o tratamento contra raiva estava funcionando, ou estava sofrendo demais para se importar. De qualquer jeito, alguma coisa estava muito errada com Irina.

Capítulo Trinta e Um

Irina ignorou os pontos latejantes do pulso enquanto entrava no complexo Industria. Nunca ficava nervosa em sessões, mas fotografar com outras dez garotas que a detestavam, sem nenhuma garantia de capa, a não ser que Irina arrasasse, era uma ideia no mínimo aterrorizante. E sua cara de confiança não era mais tão eficiente quanto costumava ser.

Irina enrolou nas escadas, respirou fundo e, em seguida, abriu com o ombro a porta de metal.

– Oi – disse, canalizando sua Hadley interna, ao entrar no estúdio. – Trago cupcakes para todo mundo. – Irina segurou uma caixa da Magnolia Bakery para todos verem.

Fez questão de chegar uma hora adiantada, antes que as outras modelos chegassem, para poder relaxar e se preparar. E possivelmente puxar o saco de alguns generais da moda, que sempre eram contratados aos montes nessas sessões. Assim, os cupcakes foram um sucesso, principalmente porque o pessoal da Caroline telefonou com antecedência para dizer que o estúdio deveria ser uma zona sem carboidratos.

Nada era problema demais para Irina. Até se curvou para pegar algumas migalhas do chão antes que fossem vistas. Em seguida, levantou os olhos para ver se uma auréola havia se materializado, de repente, sobre sua cabeça.

— Você é Irina Kerchenko? — perguntou um dos maquiadores.
— Você não é nada do que imaginei.
Irina riu afetada.
— Quando cheguei, meu inglês não tão bom. A barreira de língua não foi amiga. — Tocou o braço dele em tom de brincadeira. — Estou muito feliz em trabalhar com você. Sua última sessão está linda.

Se Irina havia aprendido uma coisa sobre o povo da moda, era que adoravam elogios tanto quanto adoravam furar a fila em uma lista de espera para a nova bolsa da moda.

O maquiador não foi exceção. No momento estava mexendo a cabeça e sorrindo.

— Todas vão fazer guerra de diva para ver quem chega mais tarde, então por que não começo a trabalhar na sua base para dar tempo de estabilizar? Depois posso ir à forra com seus olhos. Mas não diga a ninguém que está recebendo tratamento preferencial.

— Nem em sonho — Irina prometeu ao sentar no banco.

Tudo ia muito bem. Irina até ouviu duas cabeleireiras apontarem para ela e sussurrarem "ela é uma graça; só prova que não se deve dar ouvidos a fofoca".

Irina estava no meio de uma longa anedota sobre fotografar de lingerie no meio de um parque de diversões quando Aaron, seguido de perto por Javier, seguido de perto por outros dois meninos com jeans escuros e cabelos desajeitados entraram no estúdio que estava sendo utilizado como camarim.

— Você não é Annie Leibowitz — disse vacilante enquanto Aaron sorria.

— Não, acho que não. Então terá de fazer o melhor que pode com o que tem.

— Não disse isso! — protestou Irina. — Ted disse...

Aaron levantou a mão.

– Acho que o melhor é dizer o mínimo possível hoje, Irina. Fique fora do meu caminho, só fale quando falarem com você, e se fizer alguma provocação com as outras garotas ou com qualquer pessoa, por sinal, eu acabo. E depois acabo com você! Está claro?

Meu Deus, como era injusto! E Javier estava olhando para os próprios pés enquanto os dois colegas assistentes a olhavam de um jeito cruel. De que adiantou um comportamento alegre e vinte e quatro cupcakes?

Irina se ajeitou no banco e assentiu. Sobreviveria a este dia de algum jeito; em seguida, mataria Ted pela armação. E desta vez era sério. Todos saíram e o maquiador a afagou no ombro, apesar de Irina querer arrancar a mão dele. Não precisava de carinho, precisava de uma espingarda de cano curto e nenhuma testemunha.

– Pronto, pronto – acalmou-a. – Passaram a noite aqui preparando o estúdio ao lado. Estão todos mal-humorados.

Todos exceto Laura, que chegou cinco minutos depois com aquele sorriso nauseante desde o encontro com Danny.

– Adoro fotografar com Aaron! – entusiasmou-se, se colocando no banco ao lado. – Ele é tão engraçado! Viu Javier? Tudo bem com vocês dois?

– Vi, está tudo ótimo – disse Irina, profundamente irônica, mas Laura já puxava o telefone.

– Fui para Manchester conhecer os pais de Danny no último fim de semana! – alegrou-se. – Deixe-me mostrar as fotos.

Irina preferia ter sido esfaqueada nos dois olhos com pinças quentes. Laura parecia achar que seu atual estado de graça se devia a Irina e estava disposta a compartilhar cada novidade, como se Irina se importasse. Laura tagarelou por quinze minutos sem parar e lentamente as outras modelos chegaram. A garota francesa que havia feito um seguro de 2.000.000 de libras, a modelo dinamarquesa que também concorreu pela campanha Dior, uma garota mexicana que estava na capa da atual edição da *Vogue España*

— todas entraram. E todas pareciam um pouco desconfiadas, pois estavam acostumadas a ser o centro das atenções, a ouvir que era a menina mais bonita do recinto a qualquer hora. Bem, hoje não.

Houve muitos beijos no ar, abraços e "vi sua última sessão na *Vogue*; estava fantástica!", mas Irina não se deixou enganar por nenhum segundo sequer. Cada uma delas estava ali por si. Então, quando a última menina entrou, com a agente a tiracolo, sete pares de olhos lançaram adagas a ela, exceto Irina, que ainda achava que ser gentil era um comportamento aceitável.

— Oi – disse, com um aceno. — Sou a Laura.

— Ela não fala inglês – disse a agente, enquanto a garota, uma coisinha pálida e magra com cabelos castanhos e lábios finos pegava um dos cupcakes e começava a lamber a cobertura. — Esta é Greti, tem catorze anos e é da Eslovênia.

Uma bomba gigantesca havia soltado, mas Laura ainda sorria, completamente inconsciente de que o futuro havia chegado. E que ela era passado. As curvas já tinham acabado e branco era o novo preto.

O último cílio foi colado e Irina acabou. Saiu do banco e acenou para Greti sentar, que passou encolhida por Irina, como se não servisse para estar no mesmo recinto que ela. Daqui a três meses, Irina saberia que Greti se livrou da timidez como um casaco do ano anterior. E se trouxesse qualquer problema a Irina, a esmagaria como um inseto.

Irina foi para o sofá no outro lado do estúdio e puxou seu exemplar de *Anna Karenina*. Tinha começado a ler há anos na Academia e achou incrivelmente chato, mas agora entendia totalmente a história de Anna e Vronsky.

Quando as garotas acabavam cabelo e maquiagem, saíam com os roupões brancos e fofos e sentavam-se para ler revistas, tricotar ou fofocar. Qualquer coisa para passar o tempo enquanto esperavam Caroline chegar.

Três horas mais tarde, Caroline ainda não tinha aparecido. Então Aaron entrou e chamou Irina com o dedo.

— Precisamos de umas fotos para teste — latiu. — Vamos.

Qualquer coisa era melhor do que ficar ali com as outras meninas e seus pios. Irina seguiu Aaron para o outro estúdio e então parou abruptamente. Não só porque Javier estava empoleirado precariamente em uma escada, ajustando algumas luzes, com a camiseta mostrando vários centímetros do tanquinho bronzeado. Ele era lindo, mas não tanto quanto o estúdio, que tinha sido transformado em um apartamento luxuoso, banhado a ouro até onde os olhos enxergavam. Era *exatamente* como Irina sempre imaginou que sua cobertura em Nova York seria antes de repetirem para ela que madeira escandinava pálida, paredes brancas e móveis minimalistas deviam ser seu objetivo.

— Com sorte não vai parecer tão brega quando começarmos a fotografar... — Aaron murmurou e estalou os dedos na direção de um sofá barroco e cadeiras agrupadas em um fundo vermelho. — Estamos tendo problemas com a iluminação do sofá. Sente-se nele.

Talvez estivesse morando há muito tempo na Inglaterra, mas Irina não conseguiu deixar de pensar que um "por favor" seria educado ao sentar obediente no sofá, tentando não olhar embasbacada para Javier, cuja língua aparecia no canto da boca enquanto ajeitava alguma coisa com uma chave de fenda.

Quando Aaron começou a fotografar, foi um alívio. Obviamente não achava que Irina era digna de direção. Então ela tirou o roupão para revelar um vestido preto de veludo e se colocou decorativa no sofá. Em seguida, olhou para a câmera como se fosse a única coisa no mundo que conhecesse seus segredos e nunca a julgava por eles.

— Tudo bem, acabamos — Aaron declarou um tempo depois e Irina piscou, lentamente voltando para o presente, que consistia de Aaron a olhando pensativo. — Este seu novo visual mais suave é muito bom. Estávamos começando a pensar que só tinha um truque.

Fora uma leve abertura das narinas, Irina se manteve calma. Por mais que quisesse destruir cada equipamento fotográfico do *set*, ia passar por cima. Poderia aturar muita coisa para uma sessão de vinte páginas na *Look Book* e...

– Vou dar uma palavra com ele – Javier disse suavemente, agachando diante de Irina para que pudesse passar um cabo embaixo do sofá. – Ele não deveria provocar desse jeito.

– Tudo bem! – insistiu Irina, olhando para as próprias mãos. – Não me incomoda em nada, e sei cuidar de mim.

– Claro que sabe – disse Javier, endurecendo a voz, e Irina arriscou um olhar para cima, para ver que ele parecia tão podre quanto ela se sentia, apesar de que ela usava camadas e mais camadas de maquiagem para disfarçar. Javier, por outro lado, tinha sombras escuras como hematomas sob os olhos, o cabelo caindo esguio, como se não tivesse a energia para se sustentar como sempre, e ele havia emagrecido o suficiente para que sua camiseta outrora bem arranjada estivesse grande. Razão pela qual Irina sentiu a necessidade de forçá-lo a comer pizza até recuperar o visual.

– Ouça, ainda podemos ser amigos! – disse com firmeza.

As sobrancelhas de Javier se ergueram.

– Ah, sim, como você e Dean eram "amigos"?

– Nunca transo com ele. Só tento fazer ciúmes em você, e foi uma ideia idiota...

– Não podemos ser amigos, Irina – Javier interrompeu. – Já é difícil o suficiente estar na mesma cidade que você. Seremos civilizados se trabalharmos juntos, mas só vai até aí.

Ele era irritante! Irina começou a se levantar para mostrar a Javier que civilidade não era com ela quando ouviu uma comoção no corredor.

– Caroline Knight está aqui! – alguém gritou. – Está saindo do carro. Tempo estimado de chegada: dois minutos!

Capítulo Trinta e Dois

Caroline e equipe entraram com impressionantes seis horas de atraso. Irina se colocou em um dos sofás e assistiu interessada enquanto uma supermodelo de um metro e oitenta de dois desfilava pelo estúdio, cacarejando ao telefone com alguém chamado "Querido", só para que todos soubessem que estava lá, mesmo que ainda não fosse ninguém.

Um dos grandes nomes da revista conseguiu atrair a atenção de Caroline entre telefonemas, mas levou uma hora para ir para a maquiagem. E outra hora antes de ficar satisfeita com a maquiagem. As outras modelos foram chamadas, uma por uma, mas quando foi a vez de Irina, Caroline não se dignou a levantar os olhos do Blackberry.

– Como é mesmo seu nome? – perguntou com a voz arrastada e entediada, antes de se voltar para uma de suas assistentes. – Diga para me arrumarem mais champanhe. Não vou fazer isto sóbria de jeito nenhum. Você, russa, pare de ficar por aí e se afaste o máximo de mim.

Quando Ted teve a incrível ideia de que Caroline seria a irmã mais velha da moda de Irina e guiá-la pelo louco mundo da moda, provavelmente imaginou que fariam manicure e pedicure juntas. Ou que talvez Caroline presentearia a protegida com presentes descartados de designers famosos. Talvez até desse algumas dicas de pose para Irina. O que Irina de fato fez foi voltar para o sofá e decidir que de agora em diante faria exatamente o oposto de tudo que Caroline fizesse. Como Javier havia dito.

Sim, as assistentes eram legais, mas era degradante fazer uma delas segurar seu cinzeiro. Principalmente quando Caroline parecia jogar a cinza na assistente, e não no objeto oferecido.

E era grossa com todo mundo. Não só com os estilistas juniores e assistentes com os quais Irina geralmente era grossa. Era grosseira com Aaron, ignorava todos os seus assistentes e todo o pessoal da revista. Era grossa até com a melhor amiga, que apareceu na terceira tentativa de maquiagem para deixar uma encomenda. A única pessoa com quem não era grossa era o editor da *Look Book*, que ligou para se certificar de que a sessão estava indo bem.

– Querido, você é tão gentil comigo – Caroline entoou, enquanto espantava o maquiador com um aceno. – Sabe o quanto adoro trabalhar com você. Não... Não... Claro, não me importo em fotografar com as outras meninas. É muito importante nutrir novos talentos, né?

É, Irina tinha sido um verdadeiro terror em sessões, pois era isso que modelos faziam. No entanto, agora que podia assistir desabrochando ao seu redor, como se fosse uma criancinha com o nariz pressionado contra a janela, e estava enxergando uma vista totalmente diferente. Tinha feito garotinhas do mundo da moda chorar sem sentir um pingo de culpa. Entretanto, agora podia ver uma das figurinistas tremendo tanto que não conseguia pendurar um vestido, depois que Caroline brigou por ter errado a cor do café com leite. Mesmo a editora sênior de moda estava sibilando para Aaron:

– Acabei de perder o aniversário de três anos da minha filha porque aquela diva que ganha mais do que merece deveria estar aqui às dez da manhã. Agora são seis da tarde e não tiramos uma foto.

Aaron levantou as mãos em um gesto fútil.

– O que posso dizer, querida? Espero que não tenha feito planos para o jantar.

Mas não podiam começar até que Caroline se encarregasse pessoalmente de supervisionar qual modelo estaria vestindo qual vestido de alta-costura. O preto de veludo foi tirado de Irina e entregue à menina mais baixa de lá, que tinha de calçar saltos quinze para não tropeçar na bainha. Ao menos não era Laura, que foi cuidadosamente vestida com um vestido cor de pele justo de cetim que a fazia parecer a gorda do circo. Greti foi engolida por um vestido cinza que a fazia desaparecer, e Irina ainda estava sem nada para vestir.

– Por amor, vadias! – irritou-se Caroline, batendo palmas. – Para a frente da câmera. Não quero passar a noite inteira aqui.

Finalmente, estavam arranjadas por cima e ao redor do sofá, mas só depois que Caroline rejeitou as três primeiras roupas que Irina vestiu e, finalmente, deu a ela um vestido rosa largo que havia sobrado de outra sessão.

– Ninguém vai olhar para ela mesmo! – insistiu Caroline. – Não há por que colocá-la em um vestido de 3.000 dólares.

Irina não ganhava 15.000 dólares por dia, não tinha duas assistentes, mas sabia que podia fotografar melhor do que Caroline ou qualquer das outras garotas que praguejavam e reclamavam das roupas que não favoreciam em nada. O que era problema delas, pois uma boa modelo, uma verdadeira modelo, faria um saco de batatas dar certo se precisasse. Nem importava que Caroline tivesse ordenado que ela ficasse no fundo, porque Irina podia sentir a energia no corpo correndo para a cabeça e saindo pelos olhos enquanto encarava a câmera. Como se ela e as lentes estivessem tendo o próprio diálogo particular. Era estranho, mas também legal.

Aaron também achava, pois quando a atenção de Caroline estava voltada para a alça do sapato Jimmy Choo e para a pobre assistente que estava ajoelhada ajustando o calçado para que não machucasse o tornozelo delicado, ele piscou para Irina. Como se ele soubesse exatamente o que ela tramava, e, pela primeira vez, aprovava integralmente.

Cada vez que Aaron tentava modificar a arrumação do *set*, Caroline só tinha uma instrução.

– Vá para trás, está me deixando claustrofóbica. Jesus! – ficava gritando para Irina, que estava a um metro atrás de Caroline o tempo todo. – Sua pele está muito cinza nesta luz, talvez não devêssemos ter colocado um vestido rosa em você. Paciência.

Era uma tentativa tola de irritar Irina. No entanto, como na primeira vez em que se viram, Irina não conseguir deixar de se sentir lisonjeada por uma verdadeira supermodelo estava gastando muito tempo e energia para tentar estragar as coisas para ela. Era um belo resultado para uma garota de um projeto habitacional de Moscou. Principalmente quando havia outras nove modelos que poderia ter atacado em seu lugar. No entanto, Caroline havia escolhido Irina; a identificado como uma grande ameaça. Não era à toa que Irina estava tendo um ataque de alegria. Seu sorriso sereno levou Caroline para um lugar ainda pior e mais sombrio. E enquanto a câmera clicava, Irina esperava sinceramente que estivesse capturando todas as inseguranças de Caroline e sua calma suprema.

– Pare! – Caroline gritou de repente, estalando os dedos para Aaron. – Mostre-me Polaroids.

– Vamos, *baby*, temos muito a fazer – ele entoou. Era uma prova de quanto Caroline Knight era poderosa, a maneira como Javier lançou um olhar exasperado a Javier e apertou a câmera com mais força. – Você está linda, Carol.

– Não ligo a mínima. Polaroids agora, ou saio.

Javier se aproximou cautelosamente, segurando as fotos instantâneas como uma oferta de sacrifício. Caroline não disse uma palavra enquanto as olhava, jogando cada uma no chão.

– Não vou fazer isso – disse afinal. – Não com *ela*! Não vou fotografar com essa aberração russa. Mande-a para casa.

Fez-se um instante de silêncio tenso antes de a diretora de moda da revista atravessar delicadamente o *set*.

– Caroline, não vejo qual é o problema! – disse com firmeza. – Você está linda. Está sempre linda.

– Livre-se dela – disse Caroline, apontando para Irina, que assumiu um ar de inocência. – Está sugando toda a vida da sessão.

– Mas fomos muito claros de que estaria fotografando com novas modelos, e assinamos contratos com todas – a mulher disse cuidadosamente. – Sua agência aprovou.

Caroline acenou em tom de dispensa.

– Eu sou a estrela. Você vai vender por causa do meu nome, não por uma vadia russa suja de uma pocilga.

Era difícil para Irina manter uma postura digna quando queria derrubar Caroline no chão. Depois ela podia falar em alça irritando. Entretanto, o pior era que não podia fazer nada; certamente não podia abrir a boca e soltar uma torrente de ofensas que havia aprendido em sua pocilga russa. Até Laura se sentiu comovida por ela e apertou a mão de Irina em um gesto reconfortante.

– Nossa, que *vaca* – sibilou com o canto da boca. – Ela sempre foi gentil comigo quando a encontrei em outras ocasiões.

– Faremos algumas fotos-solo – disse a mulher, com as mãos esticadas em um gesto de súplica. – Mas precisamos dar conta da sessão de grupo. Vai ser uma história memorável. A rainha da moda e suas princesas. É multicultural, elegante, ousado, velho e novo...

A boca de Irina caiu aberta, junto com todas as outras bocas do recinto. Foi a coisa mais errada a se dizer desde que Britney Spears foi ao salão e disse para rasparem tudo.

– Velho? Você me chamou de *velha*? – Caroline foi de rugido ameaçador a grito estridente em dois segundos. – Você não acabou de me chamar de *velha*?

A mulher estava com as mãos esticadas na frente de si, o que era uma boa ideia, considerando que Caroline parecia prestes a socá-la.

– Não, não, claro que não. Quis dizer que você é uma lenda da moda, um ícone, e Irina e as outras são apenas novatas...

– Telefone! – Caroline gritou, estalando os dedos rapidamente de modo que não passavam de um borrão. – Vou fazê-la ser demitida agora!

Uma das assistentes de Caroline já corria com o Blackberry em mãos como se fosse o Santo Graal dos aparelhos de telecomunicações.

– Não esse. Meu outro telefone! – ela apontou um dedo para Javier, que a encarou com uma expressão truculenta. Nem ele conseguia se manter relaxado quando Caroline o tinha em vista. – Você! Traga o outro telefone.

Irina transferiu o peso de um pé para o outro. Apesar de ser a responsável por tanto faniquito, parecia ter sido esquecida. Na realidade, provavelmente era uma coisa boa.

Javier voltou para Caroline, segurando quatro telefones contra o peito.

– Não tinha certeza de qual era o seu... – murmurou meio sem jeito, o que era muito corajoso, dadas as circunstâncias. Irina sentiu uma explosão de orgulho por ele, por não ser um covarde, quando grandes homens teriam sucumbido àquela pressão.

Caroline parecia cada vez menos uma deusa dourada e gloriosa, e cada vez mais uma drag queen demente.

— Dê aqui! — passou pelos telefones com péssima impressão dos donos e ganiu incrédula. — Nenhum destes é meu! — gritou para Javier, que sabiamente deu dois passos para trás para sair do alcance.

Era tarde demais. Quatro telefones voaram pelo ar, dois deles o atingiram na bochecha, e ai, *no* olho. Irina se encolheu em solidariedade enquanto Caroline trotava para fora do *set*.

— Chega — anunciou. — Vou para o meu carro, e não volto até que você, você e você estejam demitidos. — Apontou o dedo para Irina, a diretora de moda e Javier, que estava com uma mão no olho, o rosto contorcido de dor.

Capítulo Trinta e Três

Ninguém se moveu enquanto Caroline saiu. Depois todos pescaram os próprios telefones ao mesmo tempo. Exceto Irina, pois o seu estava aos pedaços no chão. Abaixou-se e colocou a tampa de volta no lugar, ajeitou a bateria, que tinha voado longe.

A diretora de moda já estava ao telefone com o advogado da companhia discutindo sobre seu contrato de ferro, Javier estava sendo conduzido de volta ao camarim por um grupo de assistentes berrantes e modelos, e Irina ficou no *set* sem qualquer pista do que fazer.

Deveria ligar para Ted? Será que Caroline já telefonara e estava fazendo terríveis acusações a ela, nas quais Ted acreditaria, porque Caroline era sua antiga companheira e Irina já tinha uma reputação de difícil. Pela primeira vez na vida, podia se identificar com o menino que gritou "olhobo!".

E, mais importante, como aquela vaca ousava fazer aquilo com Javier? Gritar com ele, tratá-lo como lixo e atacá-lo, deixando sua linda cara marcada para sempre. Tudo bem, não eram nada um do outro, mas Irina ainda tinha preferência sobre Javier. E ninguém o machucaria e acharia que Irina aceitaria bem. Ela cerrou os punhos e sentiu aquela bruma vermelha familiar cercá-la. Precisaria de mais que um elástico para acalmar a fúria.

— Por que não tira o vestido enquanto tentamos resolver isto? — sugeriu Aaron, enquanto inseria rolos de filme nas caixas. —

E um conselho, garotinha: nunca trabalhe com crianças, animais ou supermodelos.

— Javier... — Irina rugiu. — Ela machucou Javier.

— Que é grande e velho o suficiente para saber que há batalhas que não vale a pena serem travadas — Aaron disse calmamente. — Não se quiser voltar a fotografar nesta cidade.

— Conversa fiada! — irritou-se Irina, puxando o vestido para poder marchar para fora do *set*.

A atmosfera no camarim estava mais fria do que Moscou em uma nevasca. Javier estava cercado por uma horda de meninas, todas acariciando e *tocando* enquanto ofereciam cubos de gelo e conselhos.

— Só está ardendo um pouco... — murmurou, rosto vermelho, mas Irina não sabia se por ter sido atingido, ou porque estava envergonhado.

— Você deveria processá-la por agressão.

— E se ela tentar demiti-lo, pode vender a história para a *US Weekly*. Podemos buscar Kit para fotografar seu rosto?

— E precisa ir à polícia para preencher um boletim de ocorrência.

Enquanto Irina entrava na sala, todas viraram e a olharam com maldade. Havia deixado Javier arrasado muito antes de Caroline, então também era inimiga. Os cupcakes não faziam a menor diferença agora.

— Você está bem? — perguntou suavemente, enquanto tentava abaixar o zíper do vestido, porque ninguém estava disposto a ajudar.

— Bem, não acho que vá ficar marcado pelo resto da vida! — Javier disse dando de ombros. — Mas talvez seja bom que tenha desistido de ser modelo.

— Aquela vaca! — uma das modelos sibilou. — Só estava procurando uma desculpa para poder ir para o carro. E todo mundo sabe por quê.

Irina não sabia.

— O que ela faz no carro?

Todas se olharam de forma conspiratória.

— Aquela encomenda que a amiga deixou? Uma pequena injeção de ânimo para parecer um pouco mais humana.

— Hein? Do que está falando? — perguntou Irina, enquanto uma das meninas colocava um dedo na narina e cheirava dramaticamente.

— É uma viciada em cocaína — alguém falou. — Oras, todo mundo sabe! Você é modelo, Irina, conhece.

Exceto por alguns baseados, Irina não conhecia ninguém que usava drogas. Certamente não as novas meninas. Já tinha ouvido sussurros, mas achava que a coisa das drogas estava acabada, como perneiras metálicas.

— Ela usa coca na limusine lá fora? — perguntou. — Tipo, agora?

— Dã! Tem até um tubo dourado para cheirar — disse uma das maquiadoras. — Ganhou do último namorado, que foi parar na reabilitação após três meses tentando acompanhá-la. Por que está sorrindo assim?

Irina segurou o telefone triunfante.

— Acabo com aquela vadia se alguma de vocês diz alguma coisa, mando matar vocês. Conheço máfia russa.

Não conhecia, mas a ameaça sempre funcionou com Laura, Hadley e Candy, e as meninas do camarim pareceram assustadas do mesmo jeito.

— Saia — sugeriu, pegando a primeira mão que podia alcançar e puxando para a porta. — Saiam todas agora!

— Oh, Irina, não faça nada estúpido! — piou Laura, ajudando a expulsar as outras meninas. — Não vale a pena arruinar sua carreira. Javier está bem, não está?

Javier se apoiou no balcão de maquiagem e tentou revirar os olhos. Em seguida, fez uma careta.

– Não está doendo tanto assim. E posso me defender, Irina – disse. – Não é o que sempre me diz?

– Não! – insistiu Irina. – Não! Ela não faz isso com você e acha que deixo barato.

Falou com o sotaque tão carregado que sabia que estava a duas sílabas de cuspir um rio de russo censurado, mas Javier apenas deu de ombros outra vez. Era irritante.

– Como diz Laura, não adianta arruinar sua carreira preciosa por isso. Ei, pode até diminuir sua diária.

Se não já estivesse machucado, Irina teria batido nele.

– Não ligo agora! – gritou. – Aquela vadia vai sofrer. – Voltou-se para as meninas agrupadas na entrada, todas a encarando, como se, de repente, tivesse criado novas cabeças. – Por que ainda estão aqui? Saiam!

Ninguém se mexeu, e Laura se plantou com firmeza no caminho de Irina, com as mãos nos quadris, que estavam esticando a costura do vestido.

– Não vou deixar que faça isso, Irina! – disse com firmeza.

– Tanto faz. Você pode ficar – Irina resolveu magnanimamente, jogando as mãos para o alto em frustração, porque o tempo estava passando e com sorte ninguém ia denunciá-la. – Agora observem e aprendam, menininhas. Vão ter uma boa vista da janela.

– Não vai fazer nada?! – Laura gritou para Javier, enquanto estavam todas praticamente debandando.

– A única coisa capaz de conter Irina com um humor desses é uma bomba nuclear... – ele suspirou. Em seguida, olhou fixamente para Irina, como se estivesse tentando olhar para ela, para o coração batendo sob o cetim, a pele e o músculo. Um semissorriso se formou em seus lábios, mas Irina já estava ligando para a polícia, enquanto todos se reuniam na janela para ver o carro preto na esquina, ignorando solenemente as placas que proíbem estacionar.

Fashionistas | Irina

As aulas de elocução que fez para a campanha Siren valeram cada centavo quando informou à atendente com um sotaque indefectível que tinha visto uma pessoa cheirando cocaína no banco de trás de um carro estacionado no "endereço que estou prestes a lhe dar, senhora". Até deixou um nome falso, Candy Harlow, ao terminar a ligação com um "acho que deveria vir logo, crianças podem vê-la" sem fôlego. Tudo bem, eram dez horas da noite, mas não ia se prender a esses detalhes.

Ouviram-se alguns risos abafados enquanto esperavam. Cinco minutos se estenderam em dez, e Irina suspirou arrependida. Tinha feito o melhor que podia, mas...

– Espere! Isso foi uma sirene?

– *Totalmente* uma sirene!

Houve muitos empurrões e procura por posicionamento enquanto três viaturas chegavam rugindo, com algumas motos atrás.

A limusine foi rapidamente rodeada enquanto esticavam os pescoços para ver a janela se abrindo lentamente. Era difícil entender o que acontecia, mas depois Caroline apareceu, ainda com o vestido com os cristais Swarovski costurados a mão, sendo pressionada contra o carro enquanto era algemada.

– Você deveria ligar para a E!News e mandar que enviem uma equipe de filmagens agora! – alguém gritou enquanto tentavam ajeitar os telefones para fotografar.

Irina se afastou da janela quando Caroline olhou para cima. Este era seu maior triunfo, ou o pior erro que Irina já havia cometido. Difícil dizer.

Alguém já tinha corrido para o estúdio gritando em êxtase:

– Oh. Meu. Deus! Caroline acabou de ser presa! Estão levando-a em uma viatura.

As outras meninas olhavam para Irina como se fosse uma deusa, e estivessem prestes a cair de joelhos e agradecer por sua generosidade divina. Era perturbador.

— Não é nada — disse com modéstia, o que era algo totalmente novo para ela. — Digo que a vadia vai cair. Ela caiu.

— Mal posso esperar para ver a foto policial, pois a base que dei para ela não ficará bem sob luz forte! — uma das maquiadoras disse alegremente. — E posso dizer que te amo?

Irina, de repente, se viu no meio de uma maratona de abraços, o que foi a experiência mais estranha da sessão mais estranha que já fez.

— Ouçam todos! — Laura gritou sobre os ganidos ensurdecedores. — Vamos fazer um pacto de que o que se passou neste camarim fica neste camarim. Tudo bem?

Fez-se um coro de concordância, enquanto Irina lutava para se livrar do abraço coletivo, que a estava deixando suada. Quando, finalmente, conseguiu se livrar, procurou por Javier, mas ele não estava em lugar algum. O que não tinha problema, de verdade. Apesar de um agradecimento ter sido de bom-tom.

— Acabei de falar com o editor e ele quer continuar a sessão sem Caroline — disse a diretora de moda na entrada. — Espero todos no *set* em meia hora.

Foi tudo muito menos democrático. Todas decidiram trocar os vestidos para poderem encarar a câmera com roupas que realmente cabiam. E considerando que eram todas modelos atrevidas que deveriam estar se matando pela melhor posição, também foi acordado que todas teriam chance de ficar no centro. Irina ficou feliz em concordar com o consenso, pois tinha certeza de que acabaria na capa e não em uma das páginas internas. Não era a garota mais bonita, mas era melhor do que qualquer uma. Enquanto voltava para o vestido preto de veludo, ficou imaginando se sua relação mais bem-sucedida seria com a câmera.

Apesar de Laura ter recebido uma chamada por tagarelar demais e Greti precisar ser persuadida a sorrir, o resto da sessão correu sem mais interrupções. No entanto, levou horas, pois cada modelo ainda teve de ser fotografada individualmente. Foi exaustivo, e quando pareceu que o café, finalmente, havia acabado, houve um instante de pânico até uma das assistentes conseguir encontrar uma delicatéssen com serviço de entrega.

Irina estava quase dormindo e balançando no banco, enquanto a maquiagem era removida. Uma das figurinistas teve de ajudá-la a colocar de volta a calça jeans e o sapato, pois, quando tentou, caiu no chão. Laura já estava com o casaco e bocejando.

– Posso dormir com você hoje? Meu hotel fica longe, e tenho um compromisso às nove da manhã. – Parecia prestes a chorar, pois eram quase três da manhã, e ela precisava de mais sono do que uma modelo comum.

Irina estava cansada demais para mandá-la pastar.

– Claro – resmungou, apoiando-se na figurinista, porque a gravidade estava prejudicando muito. – Pode ser.

– Bem, tudo certo, então – Laura disse surpresa. – Deve ter um carro esperando lá fora.

Irina saiu atrás dela, quase não conseguindo se concentrar no que bloqueava sua saída. A coisa alta e esguia com o que parecia uma braçadeira tribal (ou possivelmente tinta aleatória respingada) entrelaçada em um bíceps moreno.

– Cuido para que Irina volte em segurança – Javier disse, e Irina resmungou em protesto.

Laura franziu o rosto.

– Tem certeza? Ela fica... bem, *mais* mal-humorada quando está com o sono atrasado.

– Eu sei, mas vou arriscar.

– Estou bem aqui – disse Irina, mas, na realidade, estava andando porque Javier estava com a mão na lombar dela e estava empurrando-a lá para fora, para um carro, enquanto

Laura sobrava na calçada, reclamando por ter de ir para o hotel distante.

Dormiu pelo que pareceram cinco segundos até o carro parar, e estava embriagada de sono o suficiente para que Javier precisasse puxá-la por muitos andares de escada até um apartamento minúsculo, mais ou menos do tamanho do quarto dela em Camden. Sempre quis ver onde Javier morava, mas tudo que podia fazer agora era cair em uma cama desfeita e tentar parecer brava.

– Por quê? Por que me traz aqui?

Javier se sentou e colocou os pés de Irina em seu colo para poder fazer uma coisa absolutamente incrível com as juntas e o peito do pé de Irina.

– Sabe aquela porcaria que você disse sobre como ser suave prejudicaria sua carreira? Era babaquice.

Irina tentou invocar a força para dizer a Javier o quanto ele estava errado, mas agora ele massageava seus dedos dos pés, que tinham sido espremidos durante horas em um par de sapatos muito desconfortáveis.

– Só porque deixo fazer massagem nos meus pés, não significa que fico suave.

– Não, mas estava preparada para arruinar sua carreira só para fazer Caroline pagar por ter cometido agressão com um celular, e isso me fez perceber duas coisas.

– Duas coisas que me conta outra hora? – sugeriu Irina. – Tipo, quando eu me importar.

– Vou falar agora, então cale a boca e ouça! – Javier irritou-se e, enquanto Irina engasgava em choque com a ordem, prosseguiu. – Suave não combina com você, Irina. Entendo. Precisa se manter dura para manter seu jogo, então, de repente, eu que tenho de deixar de ser suave e dizer como serão as coisas daqui para a frente.

Irina tentou puxar o pé, mas Javier segurava firme pelo calcanhar.

– Acabamos. Você deixa claro antes. – Não podia bater nele, não quando estava machucado, então se contentou com um olhar furioso.

– Quer ser minha namorada? – Javier perguntou suavemente.

– Quer ter um relacionamento comigo?

Então Irina bateu nele. E não foi tão forte, então não havia motivo para gritar como uma garota por causa do golpe fraco que deu no braço dele.

– Porque quero ser seu namorado, mas só se prometer que nunca mais faz isso – fez beicinho, esfregando o bíceps. – E pode ser tão grossa quanto quiser com os outros, mas tem de começar a ser gentil comigo.

– Por que acharia que quero namorar você outra vez? – irritou-se Irina, livrando-se dos últimos vestígios de exaustão. – Não que eu saiba que estávamos namorando antes.

– O que foi culpa minha, pois eu estava com problemas de compromisso, que já superei completamente – Javier assegurou-a, olhando fixamente para ela, de modo que nem o machucado podia depreciar a sinceridade irradiando daqueles olhos castanhos profundos. – E você quer voltar comigo porque está um pouquinho apaixonada por mim.

Javier era cheio de surpresas. Irina mordiscou uma unha enquanto pensava a respeito. *Não* estava um pouquinho apaixonada por ele, estava muito apaixonada, mas se se declarasse e não fosse correspondida, então ficaria com cara de tacho.

– Por que acha que estou apaixonada por ele?

– Meu Deus, pode parar de responder perguntas com outras perguntas? – Javier estava acariciando novamente seus pés e olhando para ela enquanto ela se mexia para ficar mais confortável. – Porque hoje não deu a mínima para sua carreira. Em vez dela, você *me* escolheu, Irina. E está com seu famoso novo visual mais suave, como se estivesse em contato com todas essas emoções que costumava trancar, e perdeu peso.

– Você também! – Irina sibilou, e não deveria ser tão difícil parar de jogar estas barreiras de hostilidade e contar a Javier o que tinha no coração. Mas era. – Está totalmente magro e com a cara péssima.

– É porque estou enfraquecendo. Uma droga, não? Principalmente quando a pessoa por quem está enfraquecendo se recusa a te deixar entrar.

Não podia ser incomodada com mais discussão, o que devia ser inédito. Então Irina fechou os olhos, respirou fundo e pulou.

– Tudo bem, pode ser meu namorado e, às vezes, pode segurar minha mão se quiser – disse quietamente, enquanto Javier se inclinava para a frente para ouvir. – Mesmo quando tiver gente em volta.

Javier franziu o rosto.

– Foi uma piada? Porque ainda não sei dizer. Talvez precisemos de um sinal.

Irina se levantou para poder se curvar contra ele e apoiar a cabeça em seu ombro. Porque podia. Esse era o acordo, então por que ele estava ficando tenso, como se seus ossos estivessem prestes a estilhaçar?

– Dê um abraço, idiota!

Uma mão a afagou cuidadosamente no ombro, como se Javier não tivesse certeza se ela era uma cadela raivosa e quisesse checar que não estava babando. Irina tentou esperar pacientemente, apesar de ter precisado cerrar muito os dentes para isso.

Em seguida, seus braços estavam envolvendo-a com firmeza, como se soubesse que ela aguentava, porque não era uma daquelas garotas frágeis e delicadas que se quebraria em pedacinhos por causa de gestos fortes ou palavras duras. Era mais valente do que isso.

— E nunca mais pode ver aquele Dean novamente — Javier sibilou de repente. — Eu proíbo!

Irina passou os dedos no cabelo dele, sentindo os chumaços se prenderem a ela antes de puxar sua cabeça para trás, para que ele pudesse sentir todo o peso do olhar.

— Então você nunca mais olha para outra modelo, fala com uma ou flerta com uma...

— Mas é o meu trabalho! E, seja como for, muitas das minhas amigas são modelos. Não posso dispensar todos as minhas amigas.

— Dean é meu grande amigo! — Irina disse irritada. — Então se me fizer perder o meu, tem que perder os seus.

Javier obviamente tentava pensar em uma cláusula de liberdade, e estava tão afobado e lindo, como um gatinho com pelo molhado, que Irina teve de beijá-lo. Ao menos quando estavam se beijando, não estavam brigando. E beijar levava a outras coisas, que levavam a outras coisas, que eram muito melhores do que falar de outras pessoas.

Mais tarde — muito, muito mais tarde —, quando Irina estava traçando linhas na pele de Javier, soletrando poemas e sonetos, ela pensou em uma solução.

— Você fala com suas "amigas" se tiver outro menino presente — decidiu generosamente. — E não vejo Dean sozinha, a não ser que você autorize.

— Isso soa estranhamente como um compromisso... — Javier murmurou preguiçoso, colocando um chumaço de cabelo atrás da orelha. — E já que estamos fazendo acordos, tem que prometer nunca mais usar rosa e rendado, ou termino tudo.

Ele sabia ser tão convencido e irritante às vezes. Irina tinha sentido muita saudade disso.

— *Ya tebya lyublyu* — sussurrou, e Javier exigiu saber o que tinha acabado de dizer, mas Irina só se mexeu para arrumar mais espaço, o que envolvia dar cotoveladas nas costelas dele, e disse a ele para se calar e dormir. Tudo bem, tinha dito "eu te amo", mas disse em russo, e se Javier não pudesse entender, então não poderia usar contra ela em um encontro futuro.

Epílogo

— Está frio, Irina. Você nunca disse que era tão frio! — Javier gritou sobre o vento cortante. — Acho que estou com gangrena.

Era difícil dizer se Javier estava brincando. A única parte do rosto dele não coberta por um cachecol pesado de lã e por óculos escuros para evitar o brilho da neve era o nariz. Que estava completamente vermelho.

Irina o cutucou brincando.

— Isso não é frio — disse a ele. — Pare de ser fraco. Quer frio? Então devia vir para Moscou em fevereiro, não em dezembro.

Colocou o braço no dele, e, com as cabeças abaixadas, passaram pelas ruas cobertas de arenito de Kitai-gorod (pois Deus nos livre de alguma pessoa rica escorregando no gelo e quebrando um osso).

— Mas é bonito, né? — perguntou a Javier, porque as árvores estavam cobertas por luzes e havia uma árvore de Natal enorme no centro da Praça do Teatro. Irina nunca achou que voltaria a Moscou para se hospedar no Hotel Metropol com seu namorado, apesar de a mãe achar que estavam em quartos separados.

Não que a mãe tivesse tido muito tempo para falar sobre a falta de moral de Irina. Quando a filha pródiga voltou para o Natal com um bom menino católico a tiracolo para ajudar a mãe a se mudar para a casa nova, teve outros assuntos com que se preocupar.

Foi tudo sobre tintas e amostras de tecidos, até Irina nunca mais querer ver outra cortina floral enquanto vivesse. Depois tiveram parentes descendo com móveis e carregando caminhões e tetos de carros.

— Mas achei que fôssemos à Ikea! — Irina protestou na véspera, enquanto via seu tio Vasily trazendo um armário horroroso, mas a mãe não queria saber.

— Se continuar rasgando dinheiro, vai ficar sem nada em menos de um ano! — reclamou. — E não ponha os pés no sofá. Não ligo para o quanto vença em Londres. Lembre-se de que tem alguns modos.

Fizeram uma festa de inauguração, que foi basicamente uma desculpa esfarrapada para que pudessem olhar para Irina e ver se ela realmente havia ficado linda no último ano.

— Irina sempre foi notável — a mãe declarou quando as duas avós (por sorte ainda vivas) se encantaram com os trajes de piscina no portfólio. — Elisaveta é bonita, mas perderá o visual ao crescer. Irina tem bons ossos, puxou o meu lado da família.

— Por que não pode simplesmente me dizer que sou linda? — perguntou Irina, e sua mãe voltou-se para os convidados e deu de ombros consideravelmente, como se quisesse dizer "viram o que tenho de aturar?".

Então a festa essencialmente foi ela e a mãe brigando, enquanto Javier tomava copo após copo de vodca, servidos por diversas tias, primos e a senhora Karminsky da escola de línguas.

— Como está sua cabeça? — ela perguntou, enquanto atravessavam a rua e iam para as vitrines da Tretyakov Drive.

— Entre a ressaca e a dor de cabeça por ter ouvido você e sua mãe gritando, está praticamente quebrada — disse Javier, acelerando o passo, para poder entrar na primeira loja, onde foram recebidos por uma rajada de ar quente muito bem-vinda.

— *Pfft!* Esqueci como ela grita — resmungou Irina, pegando um sapato e fazendo uma careta.

— Ela te ama — Javier afirmou com segurança. — Recebi um discurso sobre como ela não se importava que eu fosse um grande fotógrafo de moda, que era melhor que eu estivesse te tratando bem.

– Ela gostou das fotos que você tirou de mim para a *Vogue Nippon*. Disse que eu estava bonita! – rosnou Irina. – Depois disse que, se eu saísse do apartamento da Fierce e fosse para algum lugar sozinha, as pessoas pensariam que eu era prostituta.

Mas ela *ia* sair do apartamento de Camden, apesar de o aluguel ser superbarato e de ficar a dois minutos do McDonald's. Todo o mundo da moda ainda lhe dava nos nervos, porém onde mais uma garota russa, sem qualificações, com um espaço entre os dentes poderia se tornar uma multimilionária em um ano? Então era burrice pagar aluguel quando podia comprar o próprio apartamento. Só não conseguia decidir se seria em Londres ou Nova York. Javier e Irina haviam sentado e conversado sobre o assunto, pois, aparentemente, era isso que pessoas comprometidas faziam. Entretanto, ainda não tinham certeza se poderiam morar juntos sem se matar.

E as outras também estavam com os pés coçando. Laura planejava morar com uma de suas amiguinhas malas que estava se mudando de Manchester para Londres para fazer faculdade. Apesar de essencialmente estar trocando olhares apaixonados com aquele jogador de futebol a cada chance que tinha. E Hadley passava quase todo o tempo entre Los Angeles e o apartamento de Reed. Irina ainda não sabia se estavam transando, ou se Hadley continuava firme na ideia de guardar a virgindade como presente de casamento. Somente Candy continuava no apartamento, sem demonstrar sinais de querer sair. Apesar de estar irradiando tanta energia negativa que as plantas todas morreram.

– Irina, não! É muito mais barato comprar em Nova York! – Javier protestou quando ela se aproximou dos vestidos e verificou a arara até cavar o mais caro. Ainda não entendia nada de roupas, mas tinha um senso infalível para escolher roupas de marca com as etiquetas mais pesadas.

Irina segurou diante de si e girou até atrair a atenção do segurança, que bloqueou a porta e a olhou desconfiada. Possivelmente tinham sua foto e suas impressões digitais arquivadas.

— Quero comprar em Moscou — disse, colocando de volta na arara e estalando os dedos para uma das assistentes, que olhava desdenhosamente para ela. — Quero isso em tamanho oito.

A menina saiu de trás do balcão para poder olhar Irina da cabeça aos pés, absorvendo os jeans e o casaco.

— Talvez encontre alguma coisa mais na sua faixa de preço em um dos mercados.

Javier não entendeu o diálogo em russo, mas já havia expressado horror pela grosseria da maioria dos russos depois que tentou comprar um chapéu de lã em uma loja de departamentos e teve ignorados todos os seus pedidos educados para pagar.

— Sempre achei que fosse desculpa sua para ser detestável... — suspirou, depois que Irina foi resgatá-lo e gritou com alguém. — Mas as pessoas são muito brutas aqui! Achei que a mulher fosse me dar um tiro por não ter dinheiro trocado.

Agora ele só se apoiou no balcão e fingiu que estava em outro lugar.

Irina pegou a bolsa Marc Jacobs e viu os olhos da assistente se arregalarem em reconhecimento. Em seguida, pescou o Amex Platinum e o cutucou significativamente.

— Ou você busca o tamanho que quero ou busca o gerente! — Irina latiu enquanto a garota assentia amuada. Era tão bom estar de volta em casa e parar com os "por favor" e "obrigada". — Miuccia Prada é minha amiga pessoal.

Ouviu-se um pequeno riso dos assentos baratos. Contudo, no mundo da moda, se você desfilasse para alguém, então era amiga da pessoa. Bem, até seu visual sair de moda.

A assistente de vendedora saiu, mas voltou com outra garota a tiracolo, que encarava Irina e sussurrava freneticamente. Javier soltou um assobio longo e baixo.

— Irina, sabe a história que correu sobre como você roubava da Prada quando foi descoberta? Era verdade?
— *Ja* — Irina sorriu beatificamente. — Desta mesma loja. É irônico, né?
— Acho que estamos prestes a ser expulsos ou a levar surras com tacos. Não sei qual.

A segunda assistente de venda mexia no balcão. Irina esperou que um alarme soasse e as janelas fechassem repentinamente, o que era uma tolice. Não tinha sequer escondido um par de óculos na bolsa. Mesmo assim, Irina sentiu uma pontada metálica de medo no fundo da garganta e quase havia se esquecido de como era desagradável suar frio. Realmente tinha se tornado suave.

— Talvez precisemos correr — sussurrou para Javier, que pareceu horrorizado com a sugestão.
— Não quero ir para a prisão neste país e...
— Você? Esta é você? — a assistente mais arrogante mostrava alguma coisa para Irina, possivelmente um pôster de "procurada".

Olhou novamente. Era a última edição da *Vogue Russia* com seu rosto adornado com um traço de batom vermelho na capa.
— Claro que sou eu.
— Devia ter dito. Posso dar trinta por cento de desconto — disse a menina, ainda sem sorrir ao enrolar o vestido em papel de seda.
— Este vestido é grande demais para você. É magra demais.

Javier estava ficando ansioso e levantou para checar as roupas masculinas, enquanto Irina assinava o canhoto do cartão com um floreio.
— É para minha mãe — disse, apesar de não ser da conta dela. — Ela só veste Prada.

Aliás, sua mãe gritaria horrorizada quando desembrulhasse o presente de Natal, e insistiria que era caro demais e precisava ser devolvido. No entanto, Irina sabia que, mesmo que ficasse pendurado no fundo do armário para nunca ser usado, a mãe esfregaria o cetim na bochecha no mínimo todos os dias. Irina lançou um sorriso vivo para a assistente, enquanto ela entregou a sacola branca dura e acenou com a cabeça para Javier.

— Vamos, bonitinho, hora de abotoar o casaco. Quero passar na Chanel e na Versace em seguida.

— Vou levá-la a São Paulo em plena onda de calor – resmungou Javier, segurando a porta aberta para ela, apesar de Irina ter dito um milhão de vezes que era perfeitamente capaz de abrir sozinha. – Para ver se gosta.

Caminharam para o sol de inverno e tiveram uma rápida briga sobre quem seguraria a mão de quem antes de descerem a rua. O rosto de Irina olhava de um outdoor, anunciando a nova fragrância de Chanel. Conseguiu a campanha depois que demitiram Caroline. Ou Caroline Cocaína, como os jornais a chamavam agora, depois que escapou por pouco de uma sentença de prisão e, em vez disso, foi para a reabilitação. Contudo, estava frio demais para parar e se vangloriar; só fazia isso em particular, pois Ted ainda estava desconfiado dos boatos de que Irina tinha desempenhado um papel crucial na queda de Caroline. Mas "estava gata pra cacete nas fotos", Irina pensou satisfeita consigo mesma, e recebeu mais do que Laura na campanha Siren.

— Pare de parecer tão contente consigo mesma! – provocou Javier, olhando para a outra Irina, que os encarava. – E vamos mais depressa, estou prestes a congelar!

— Fracote... – Irina murmurou baixinho, mas se acomodou no ombro de Javier, enquanto começavam a andar em ritmo acelerado. No bolso do casaco, podia sentir o peso sólido e reconfortante do chaveiro de platina que roubou enquanto pagava pelo vestido.

GLOSSÁRIO RUSSO

Qual é a de tanta coisa russa neste livro?

BLINTZ (TAMBÉM CONHECIDO COMO *BLINI*)
Panquecas tipo crepes russas, que podem ser preenchidas com qualquer coisa, desde nata, carne moída, caviar até geleia e mel. Blintzes são mais populares quando preenchidas com queijo, fechadas e, em seguida, fritas. Yum!

BOLSHOI
O principal teatro de Moscou, mais conhecido por sua companhia de balé mundialmente famosa, do qual os russos se orgulham muito.

BUDEM ZDOROVY
Um brinde russo, literalmente significa "vamos nos manter saudáveis!".

JA
"Sim" em russo.

KITAI-GOROD
Um velho e pretensioso distrito de Moscou, perto do Kremlin (o Parlamento Russo) e do Teatro Bolshoi.

MOSCOU
Capital da Rússia.

NIET
"Não" em russo.

Oligarca (oligarquia)
Pequeno grupo de pessoas que ganhou dinheiro após a queda do comunismo na Rússia, às vezes fazendo coisas bastante sagazes.

Rublo
A moeda russa. Uma libra corresponde a mais ou menos cinquenta rublos.

Sauerkraut
Na realidade, repolho picado em alemão, que é parte significativa da dieta russa, principalmente em sopas.

Eslavo
Qualquer pessoa na Europa Oriental, incluindo russos, poloneses e croatas, que falam as línguas eslavas. Tecnicamente, russos são eslavos orientais, mas não nos preocupemos com isso!

Spasibo
"Obrigado" em russo.

União Soviética
Antes da queda do comunismo em 1991, a Rússia era parte da União Soviética, que consistia de quinze repúblicas socialistas. Para mais detalhes, pergunte ao seu professor de História!

Tretyakov Drive
No distrito Kitai-gorod, de Moscou, Tretyakov Drive é uma das áreas de compras mais chiques do mundo. Gucci, Versace, Prada, Dolce e Gabbana e Tiffany's (entre outras marcas) têm lojas nesta pequena rua.

Ya tebya lyublyu
"Eu te amo" em russo.

(**Para um glossário completo de moda, ver** *Fashionistas: Laura*)

AGRADECIMENTOS

Agradeço ao estilo supremo, Iain R. Webb, pela ajuda inestimável, conhecimento da indústria da moda e, particularmente, a experiência de ter trabalhado na *Vogue Russia*. Gostaria também de agradecer à superestilista Jill Wanless, por todas as histórias de bastidores do mundo das modelos.

Agradeço também à minha agente maravilhosa, Kate Jones, Laura Sampson e Karolina Sutton na ICM Books. E saudações também a minha editora, Emily Thomas, e a todos na Hachette Children's Books.

E, finalmente, devo dizer graças a Deus pela Wikipedia e pelo *The Rough Guide to Moscow*!

http://sarramanning.blogspot.com

Este livro foi impresso pela Prol Editora Gráfica
para a Editora Prumo Ltda.